NEUF HÉROÏNES DE L'ANTIQUITÉ

87, quai Panhard-et-Levassor – 75647 Paris Cedex 13
ISBN : 978-2-0812-4524-2

BRIGITTE HELLER-ARFOUILLÈRE

NEUF HÉROÏNES DE L'ANTIQUITÉ

Illustrations de Frédéric Sochard

Flammarion Jeunesse

Et le dessein de Zeus s'accomplissait

Homère, *L'Iliade.*

Grandes amoureuses ou femmes de pouvoir, aventurières ou magiciennes, filles de roi ou reines elles-mêmes, les héroïnes de l'Antiquité ont inspiré les poètes et les auteurs, comme elles ont influencé le destin de nombre de héros. Que seraient devenus Thésée sans Ariane, Ulysse sans Nausicaa, Jason sans Médée ?

Elles ont été soumises ou sauvées par les dieux, tout comme les hommes dont elles ont croisé ou partagé l'existence. Leur vie a été reprise par tant d'écrivains, d'artistes, de peintres ou de musiciens que leur mémoire s'est perpétuée à travers les âges. Aujourd'hui encore, l'histoire de chacune nous paraît familière.

Personnages de légende, comme Arachné, ou figures historiques, comme Didon, elles nous ressemblent étrangement, avec leurs peurs et leurs joies, leurs forces et leurs faiblesses, leur destin parfois tragique. Bien sûr nous évoquons moins la volonté divine et lui préférons le mot de fatalité. Cependant, nous ignorons toujours qui dirige notre vie, et pourquoi elle est heureuse ou malheureuse... Les grandes figures féminines de la mythologie gréco-romaine nous montrent en fait que, au XXIe siècle comme au temps des dieux de l'Olympe, traverser l'existence n'est pas chose facile...

DIDON
REINE
DE
CARTHAGE

Didon, reine de Carthage, d'après *L'Énéide* de Virgile*

Elissa... Elissa, murmurait une voix.

Dans son sommeil, la jeune femme se retourna sur sa couche.

— Elissa... Écoute Elissa ! reprit la voix.

La jeune fille balbutia quelques mots puis ouvrit les yeux. Qui pouvait donc l'appeler ainsi dans la nuit ?

— Est-ce vous Père ? interrogea-t-elle, somnolente.

Puis, retrouvant peu à peu ses esprits :

— Non, ce n'est pas lui, c'est impossible !

Belos, le roi de Tyr [1], était mort depuis plusieurs mois maintenant. Pygmalion, le frère d'Elissa, avait pris sa place sur le trône. Trop jeune, trop dur, il n'était plus le compagnon espiègle des jeux de l'enfance. Il était devenu un homme sans scrupule.

1. Aujourd'hui ville de Sour, au Liban.

Sa morgue et sa cruauté s'affichaient chaque jour un peu plus sur son visage.

Jamais il ne sera aimé de notre peuple, pensait Elissa en le regardant.

Heureusement Sychée, ce mari beau et tendre que son père lui avait choisi, vivait à ses côtés. Les jeunes gens s'aimaient profondément. Depuis leur union le couple ne s'était jamais séparé, sauf quelques jours auparavant...

— Elissa..., répéta la voix.

La jeune fille se redressa. Le départ précipité de son époux, sans aucune explication, sans même un baiser, lui revint en mémoire. Une affaire urgente, avait prétendu Pygmalion, un sourire ironique aux lèvres. Depuis, malgré l'insistance de sa sœur, il éludait les questions, semant le doute, puis la crainte dans le cœur de la jeune femme.

Qu'éprouve mon frère pour Sychée ? se demandait-elle. *Ils sont si différents !*

Malgré son immense fortune – il était le plus riche seigneur de Phénicie –, son mari était resté bon et simple. Pygmalion, lui, était pétri d'orgueil, avide de gloire et de puissance.

— Écoute-moi, Elissa !

La jeune fille aperçut alors une nuée dansante, comme un voile trouant l'obscurité. Elle se leva, intriguée. La tête lui tournait. Quel était ce breuvage que Pygmalion lui avait fait servir au dîner ? Elle était persuadée maintenant que la forme qui se déployait était un homme. Un cri s'échappa de sa gorge : là, devant elle, se tenait son époux bien aimé.

— Elissa, murmura-t-il, il va te falloir du courage...

La jeune fille éclata de rire :

— Sychée, dit-elle, joyeuse, tu es revenu !

Ses mains se tendirent pour caresser le trop pâle visage de son mari, mais elles ne rencontrèrent que le vide.

— Je n'appartiens plus au royaume des vivants, Elissa ! Regarde ce que ton scélérat de frère a fait de moi !

La nuée se transforma en vision et apparut l'autel de leur demeure, éclaboussé de sang. Le corps de son époux gisait à terre, la poitrine transpercée d'une lame. Épouvantée, elle éclata en sanglots.

— Non ! hurla-t-elle.

Une souffrance atroce s'empara de son âme. Elle comprit que Pygmalion lui avait menti, qu'il avait assassiné celui qu'elle aimait plus que tout au monde.

— Ne pleure pas Elissa, implora l'ombre. Le plus beau cadeau d'adieu que tu puisses me faire, c'est de m'écouter et de te montrer courageuse. Il te faut fuir cet endroit. Tu n'as pas un instant à perdre !

— Non, répéta la jeune fille. Jamais je ne te quitterai. Je n'ai pas la force de vivre sans toi.

— Si ! ordonna le fantôme. Tu le dois. Fais-le pour l'amour de moi, et aussi en souvenir de ton père. Tu es fille de roi. Sauve ceux qui t'entourent de la folie de ton frère. Pars avec eux. Vous trouverez une autre terre...

Elissa gémit :

— Mais comment ? Je n'ai plus rien et ne suis rien sans toi.

— Tu te trompes. Depuis longtemps je me méfiais de Pygmalion et de son amour immodéré de l'or. C'est pourquoi j'ai caché deux malles pleines de bijoux et d'objets de valeur dans notre jardin, à l'endroit même où se tient ton banc. Fais immédiatement déterrer ce trésor et rassemble nos compagnons, nos fidèles et leurs familles. À l'aube vous devrez avoir rejoint le port et embarqué sur nos vaisseaux !

À peine ces mots prononcés, la nuée disparut. La nuit, à nouveau, enveloppa la jeune femme.

— Sychée ! supplia-t-elle. Ne me laisse pas, Sychée !

Le silence emplissait la chambre. Un silence effroyable qui glaça le cœur d'Elissa. Foudroyée par la douleur, elle comprit que cette mort la brisait à jamais.

Quelle force alors la maintint debout ? L'obligea à se vêtir, à appeler sa sœur Anna et ses suivantes ? Elle fit lever les gens, creuser le jardin, charger des caisses de vivres. La haine de Pygmalion avait rassemblé des dizaines d'hommes et de femmes. Ils se pressaient autour d'elle, ombres silencieuses. La fille du roi de Tyr les voyait-elle ? Mesurait-elle leur désarroi ? C'était à elle à présent qu'ils s'en remettaient, pour qu'elle les protège. Elissa articulait des ordres d'une voix sans timbre. Ce n'était plus une jeune princesse comblée mais le chef d'un peuple désemparé. C'était pour Sychée et pour son père qu'elle agissait.

À l'aube, tous avaient pris la mer. Aux aguets, les yeux tournés vers Tyr, terrorisés à l'idée que les troupes de Pygmalion les poursuivent. Mais le frère d'Elissa dormait encore. Et lorsqu'on l'avertit, ignorant quel trésor les fuyards emportaient, il se mit à rire, et refusa de perdre du temps avec de pauvres errants.

Et pourtant ! Ce fut avec faste et prestance que la fille du roi de Tyr se déplaça... Après Chypre où elle fit escale, Elissa accosta dans une baie dominée par la colline de Byrsa [1], en Afrique du Nord. Les puissants de la région, très vite informés de sa

1. Aujourd'hui ville de Tunis, en Tunisie.

richesse et de sa beauté, vinrent lui présenter leurs hommages, mais surtout la courtiser. La jeune femme se montra fière et distante. Elle ne voulait acheter qu'un morceau de terre. Les autochtones lui rirent au nez. Un bout de terre ? Soit, on lui vendrait Byrsa, qui signifiait « peau de bœuf » : elle aurait donc un territoire de la taille d'une peau de bœuf !

C'était bien mal connaître Elissa que de penser la vexer. Que lui importaient les quolibets... Pas besoin d'une vaste terre pour bâtir un royaume. On se moquait d'elle ? Elle se moqua à son tour, fit découper une peau de bœuf en très fines lamelles qu'elle aligna bout à bout et en cercle. Cela délimita une surface assez vaste pour abriter une ville. Elle baptisa sa future cité Carthage, la « ville neuve », et déclara qu'elle en serait reine sous le nom de Didon.

Très vite la construction de la citadelle commença. Parmi les compagnons d'exil de la reine, beaucoup étaient des artisans réputés. Certains façonnaient des céramiques merveilleuses, d'autres fabriquaient du verre, d'autres encore savaient teindre en pourpre les tissus, spécialité apprise à Tyr et très recherchée. Grâce à eux, et au vaste port dont la ville pouvait disposer, Didon avait pour ambition de faire de Carthage une place prospère, au commerce maritime florissant, qui n'aurait rien à envier à la cité où elle était née.

Une année s'écoula, puis deux. Carthage se dressa, somptueuse, avec ses épaisses murailles de pierre blanche. Des temples s'élevèrent, qui rivalisaient de beauté. La population tout entière s'activait, et la joie des habitants faisait le bonheur de Didon.

Un soir, un naufrage fut signalé non loin des côtes, puis l'arrivée de rescapés demandant asile. Anna vint trouver sa sœur dans ses appartements :

— Des étrangers épuisés demandent l'hospitalité, lui annonça-t-elle.

— Qui est-ce ? s'enquit la reine. N'y a-t-il aucun risque que cela soit un piège tendu par mon frère ?

— On parle sur les quais d'un homme qui a erré sept années entre terre et mer, un chef troyen... Sur les vingt bateaux de survivants qu'il a pu sauver, seuls trois sont là aujourd'hui, et en bien mauvais état...

— Veux-tu dire, ma sœur, que parmi ces voyageurs il y aurait cet Énée*, rescapé de la guerre d'Ilion [1], dont on vante partout le courage ?

Anna sourit.

— On raconte aussi qu'il est le fils qu'Aphrodite a eu avec le berger Anchise... Recevoir un invité aussi prestigieux va te distraire agréablement et je m'en réjouis. Que dirais-tu de faire préparer un banquet ?

1. Ilion est l'autre nom donné à Troie.

La reine reçut Énée et ses fidèles avec faste. Ils lui racontèrent tous les périls auxquels ils avaient dû faire face depuis que la cité troyenne était tombée aux mains des Grecs. Ils sortirent de quelques malles des cadeaux somptueux, arrachés à Troie en flammes. C'est Ascagne, le jeune fils d'Énée qui, timidement, les offrit à Didon.

Émue, la jeune femme remercia le chef troyen. Pour la première fois depuis bien longtemps, son cœur se mit à battre plus fort dans sa poitrine. Comme il semblait fatigué ce combattant valeureux ! Et comme il était beau ! Malgré tous les malheurs qu'il avait supportés, il émanait de sa personne une impression d'assurance. Troublée plus qu'elle ne l'aurait voulu, Didon détourna ses yeux d'Énée et s'attarda à admirer cet enfant, qui ressemblait étonnamment à son père. Elle tendit ses bras :

— Ascagne ? Viens dans mes bras, Ascagne...

Est-ce parce qu'elle n'avait jamais été mère ? Elle trouva délicieux ce petit corps blotti contre elle, qui froissait sa robe et défaisait ses cheveux. Sous le regard d'Énée, une douce chaleur s'insinua en elle. Depuis quand n'avait-elle pas éprouvé un si grand bien-être ? Une si totale félicité ? Depuis Sychée, bien sûr... Aussitôt, elle se raidit. Inutile de se laisser aller... Jamais elle n'aimerait un autre que son premier mari !

Bien malgré elle, pourtant, chaque heure passée avec Énée enchaînait un peu plus le cœur de la reine. Très souvent, ils cheminaient ensemble à travers la ville. Elle lui parlait de ses projets et il approuvait son souhait de faire de Carthage un lieu de beauté et de culture. De son côté, elle écoutait sans se lasser tout ce qu'il avait enduré lors de la chute de Troie : comment il avait pu sauver son fils et emporter son vieux père Anchise, mort depuis. Et le chagrin qu'il avait éprouvé en ne retrouvant pas Créuse, sa femme, parmi les décombres de la cité.

Il ne lui cacha pas que sa mission l'appelait en Hespérie [1], où les dieux lui enjoignaient de fonder un royaume, mais Didon déjà ne l'entendait plus. Elle rêvait que sa cité soit aussi celle du chef troyen, qu'il y règne avec elle. Il allait oublier ses projets. Le temps et l'amour feraient leur œuvre... L'amour ? Elle s'arrêta au milieu d'une phrase, rougit et le quitta brusquement. À quelle folie pensait-elle ?

Elle se réfugia dans un temple pour calmer son cœur. Elle demanda aide aux dieux, hésitante. Elle doutait de tout à présent. Qui dirigeait vraiment sa vie ? Elle, Didon, reine de Carthage, ou tous ceux à qui l'on offrait des sacrifices afin qu'ils vous

1. Ici en Italie.

épargnent le pire des destins ? Même dans ces lieux, pourtant, la pensée d'Énée la hantait. Sur les colonnes où étaient gravés les récits d'expéditions lointaines, voici qu'elle retrouvait les exploits de la guerre de Troie.

Lasse, elle rentra au palais, s'enferma avec Anna, et se mit à pleurer. Anna, à qui rien de ce qui troublait sa sœur n'échappait, la réconforta :

— Sèche tes larmes ma sœur, lui conseilla-t-elle, et accepte d'être heureuse. À quoi cela te sert-il de rester fidèle à un mort ? Crois-tu que Sychée souhaite te voir toujours seule ? N'oublie pas que tu n'es qu'une femme, souveraine fragile d'un petit territoire. Que Pygmalion vienne à te menacer, ou que les chefs voisins comme cet Iarbas, que tu as refusé d'épouser, décident de te faire la guerre, et voilà Carthage anéantie ! Alors qu'avec Énée pour mari, c'est un royaume solide que tu construis...

Alors Didon accepta enfin son bonheur.

Quelques jours plus tard, une chasse fut organisée. Énée, rayonnant, vint attendre la reine au pied de son palais. Elle le rejoignit, merveilleusement vêtue d'une robe de pourpre, et portant un carquois d'or. Avec ses cheveux savamment noués, son teint éclatant, elle attirait tous les regards. Son cheval, caparaçonné lui aussi de pourpre et d'or, se plaça aux côtés de celui d'Énée et c'est un couple resplendissant qui s'élança dans les forêts.

Ils oublièrent tout alors qu'ils galopaient : leur passé, leur avenir, et même la chasse qu'ils devaient mener. Avec eux les cerfs n'eurent rien à craindre. Didon et Énée savouraient seulement l'instant qui leur était offert.

Bientôt, l'orage se mit à gronder et une pluie de grêle les obligea à trouver refuge dans une grotte. Là Didon, comme on se donne à un mari, se donna à Énée.

Très vite, la rumeur de cet amour fit le tour de Carthage, réjouissant ses habitants. Mais elle parcourut aussi le pays, parvenant aux oreilles du roi Iarbas. Jaloux, ce dernier entra dans une vive colère, et interpella Jupiter [1] :

— Ainsi cette femme, cette vagabonde qui m'a rejeté comme mari, accueille Énée comme un maître ! Venge-moi de l'affront que me fait cette ingrate !

Courroucé, Jupiter convoqua alors Mercure [2].

Didon, elle, ne songeait plus aux dieux. Comme chaque jour, après avoir partagé sa couche avec le chef troyen, elle arpentait la ville à son bras, des

1. Nom romain de Zeus.
2. Nom romain d'Hermès, messager des dieux.

projets plein la tête. La reine ne doutait plus de rien : ils seraient bientôt deux à régner. Elle ne se lassait pas de l'admirer, ce futur roi de Carthage, cet homme vigoureux, vêtu comme elle d'un manteau pourpre, son épée en main. L'amour la rendait plus belle encore qu'elle ne l'avait jamais été. Elle resplendissait.

Vint un soir où, tandis qu'ils discutaient de l'orientation d'une construction, le visage d'Énée se figea soudain. Il interrompit sa phrase et s'éloigna brusquement. Inquiète, Didon se précipita. Était-il malade ? Il fit signe que non, mais refusa de parler. Et ce qu'elle lut dans ses yeux lui sembla pire qu'une maladie : elle sentit, comme un animal flaire le danger, que l'homme qu'elle aimait passionnément avait décidé de la quitter. Il ne lui dit rien de tel, pourtant, mais il trouva une excuse pour s'éclipser et descendit sur la plage.

Didon regagna son palais, comme folle. Pourquoi ce pressentiment d'une fuite prochaine d'Énée ? Avait-elle fait ou dit quelque chose de mal ? Envoyant une servante en reconnaissance, elle apprit que les hommes d'Énée réparaient leurs vaisseaux. La douleur l'égara ; elle s'élança sur le chemin qui menait à la mer, finit par rejoindre Énée, et l'interpella :

— Que fais-tu là, joyeux, avec tes hommes ? cria-t-elle avec rage. Pourquoi me fuis-tu ? Et pourquoi me dissimules-tu un tel sacrilège ? Je t'ai accueilli, je t'ai aimé, j'ai oublié ma pudeur, ma renommée, renié ma fidélité en te considérant comme mon époux... Où sont donc tes serments d'hier ?

Sa voix se brisa, des larmes se mirent à couler sur son visage tourmenté.

— Si tu pars, reprit-elle en sanglotant, pourquoi m'attarder à vivre ? Pour que Pygmalion vienne renverser mes murailles ou que Iarbas me fasse prisonnière ? Si, au moins, j'avais un enfant de toi, je ne me sentirais pas tout à fait délaissée et trahie...

Très pâle, Énée baissait les yeux.

— Je ne t'ai rien promis, ma reine, répondit-il d'une voix mal assurée. Je veux que tu saches une chose : jamais tu ne sortiras de ma mémoire tant qu'un souffle de vie animera mes membres. Mais, aujourd'hui encore, Mercure, le messager des dieux, est venu me transmettre ses ordres. Ce n'est pas de mon plein gré que je dois regagner le rivage italien, c'est ma mission. Je ne peux pas déposséder Ascagnc du royaume d'Italie, c'est grâce à moi qu'il en héritera.

— Eh bien pars ! hurla Didon, que ses servantes, affolées par ses cris, avaient rejointe. Regagnez votre Hespérie, toi et ceux qui t'accompagnent. Dire que je vous ai sauvés de la mort ! Hélas, la fureur m'embrase et m'emporte... Misérable, tu paieras ton crime !

Puis, épuisée, la reine perdit connaissance et s'affaissa sur le sable.

Quand elle reprit ses esprits, dans sa chambre, elle supplia Anna :

— Va lui parler, dis-lui d'attendre pour s'en aller que la mer soit moins forte. Quelques semaines encore, pour que je m'habitue. Je promets de ne rien faire alors pour contrecarrer ses projets.

Mais Énée avait un devoir à remplir et il n'y avait pas, dans son cœur, de place pour la pitié. Il déclara qu'il ne retarderait pas son voyage, qu'il partirait dès que ses bateaux seraient prêts. Didon s'enfonça alors dans un désespoir qui effraya Anna. Tout lui devint indifférent. Elle ne s'occupa plus de sa cité et s'enferma dans son palais. Là, errant sans but, elle prononçait toujours la même phrase : « Je n'ai même pas été fidèle à Sychée ! »

Impuissante, sa sœur essayait de la distraire. La reine de Carthage ne l'entendait pas : « Mon époux m'appelle, répétait-elle sans cesse. Je voudrais le rejoindre. La mort seule soulagera ma souffrance. »

Et puis, un jour, à la grande surprise d'Anna, elle sembla aller mieux :

— Tu vas être contente, ma sœur, lui dit-elle, j'ai trouvé un moyen d'oublier ma passion pour Énée. Une servante que j'avais envoyée chez une prêtresse assure que quelques arts magiques peuvent faire leur œuvre sur mon esprit et me faire oublier l'ingrat qui m'a délaissée. Elle conseille de faire élever un bûcher dans la cour intérieure et d'y placer tous les objets d'Énée. Va, fais porter notre lit, toutes ses armes et ses vêtements sur un tas de bois. J'y ferai mettre le feu et je serai délivrée. La paix me reviendra enfin.

Aussitôt tous s'affairèrent à exécuter ce que la reine demandait. « Didon va mieux, chuchotaient-ils entre eux. Didon va mieux... »

La nuit tomba et emporta Carthage dans le sommeil. La reine, qu'on avait laissée seule, veillait. En proie au tourment, elle marchait de long en large. À l'aube, elle porta ses pas au sommet de sa cité et vit sur la plage les vaisseaux d'Énée qui appareillaient. Déjà les voiles étaient hissées.

C'en est donc bien fini, pensa-t-elle avec effroi. Elle se rendit dans la cour du palais et se hissa sur le bûcher. Le lit où Énée et elle s'étaient aimés était là, ainsi que les vêtements et les armes du chef troyen.

Didon s'allongea sur les draps, éperdue de chagrin :

— Oh, vêtements de celui qui me fut si cher, murmura-t-elle, le visage ravagé par les larmes, recevez mon âme et libérez-moi de mes souffrances ! J'ai fini de vivre...

Puis, elle se saisit de l'épée offerte par Énée, et se donna la mort.

Une autre version de cette histoire, écrite par Timée, raconte que ce n'est pas à cause d'Énée que Didon se donna la mort, mais pour échapper au chef de la tribu nomade des Gétules, le roi Iarbas, qui voulait l'épouser de force.

ARIANE
OU L'ILLUSION D'UNE PRINCESSE

ARIANE OU L'ILLUSION D'UNE PRINCESSE, D'APRÈS *LES HÉROÏDES* D'OVIDE*

Cela n'en finira jamais, pensait tristement Ariane en gravissant la colline qui surplombait l'île de Crête, tout ce sang versé par mon père, cela n'en finira donc jamais...

Elle s'arrêta. Au milieu des pins et des cyprès régnait le silence dont elle avait besoin. Elle gardait en mémoire les moments heureux que ses frères et sœurs avaient passés ici, sur le mont Ida*, dans ce lieu magique où Zeus avait grandi.

C'était surtout de son frère Androgée, un peu plus âgé qu'elle, qu'Ariane était proche. Un garçon doux, protecteur, qui excellait dans la pratique de nombreux sports, notamment dans la maîtrise des taureaux. Quand il sautait au-dessus de leur dos puissant, avec la même facilité que si ces bêtes avaient eu la taille d'une chèvre, une foule d'admirateurs se rassemblait pour le féliciter. Seule Ariane n'osait l'observer. Qui sait si un simple regard n'allait pas provoquer sa chute ?

Leur père, le roi de Crête Minos, était si fier de son fils qu'il vantait partout ses mérites. Aussi, lorsque le roi d'Athènes Égée déclara ne pas pouvoir se débarrasser d'un taureau errant, Minos envoya sans hésitation Androgée pour l'aider. Le jeune homme triompha de l'animal et fut acclamé par la cité grecque. Mais, au cours du banquet donné en son honneur, des rivaux jaloux de son succès lui donnèrent la mort...

Ariane ferma les yeux, réprimant un sanglot. Il n'y avait pas eu de jour plus maudit sur cette île que celui où des messagers avaient annoncé le meurtre de son frère. Jamais on ne vit un souverain en proie à une colère si violente. Minos rassembla ses armées, rallia la baie d'Athènes et fit déferler ses hommes sur la cité. Fou de douleur, il les regarda saccager les ateliers et les maisons de la ville basse et tuer des innocents sans s'émouvoir.

Quand il ne resta debout que la ville haute, fichée sur le roc, Égée s'interposa en suppliant :

— Cesse ce carnage, Minos ! Les gens que tu massacres acclamaient ton fils et l'admiraient. Ils ne sont pour rien dans son absurde assassinat... Je me soumettrai à n'importe laquelle de tes exigences si tu acceptes à présent de rentrer chez toi...

— Soit ! rugit le roi de Crête. Mais, avant, écoute-moi bien : aussi longtemps que je vivrai, je veux que justice continue à être rendue à mon fils. Chaque année, tu feras amener sur mon île sept garçons et sept filles. Ils combattront face au taureau, comme Androgée l'a fait devant ton peuple. Et seuls ceux qui ne trouveront pas la mort reverront leur pays.

Le cœur de Minos était devenu dur comme de la pierre et sa haine si forte qu'il ne tint pas sa promesse. Non seulement les jeunes Athéniens victorieux ne revenaient pas en Grèce, mais une épreuve bien plus effroyable et bien plus cruelle qu'un coup de couteau les attendait...

Le crissement d'une branche fit sursauter Ariane. Dans son refuge écrasé de chaleur, nul ne s'avisait de la déranger sans motif grave. Pourtant la jeune fille ne fut pas étonnée de découvrir sa servante.

— Que viens-tu m'annoncer ? demanda la fille du roi. Que les condamnés arrivent, c'est cela ?

— Oui, un bateau aux voiles noires se profile à l'horizon et votre père vous fait appeler.

Ariane haussa les épaules d'un air las. Elle ne comprenait pas que Minos ait besoin de s'entourer de sa famille pour accueillir chaque année les quatorze Athéniens tirés au sort pour verser leur sang sur le sol de Crête. Être présente lui répugnait, mais elle ne pouvait que se soumettre.

Elle redescendit en silence le sentier rocailleux, prise par ses pensées. *Tout cela est parfaitement atroce*, se disait-elle, *cette mort qui leur est réservée, dévorés par le Minotaure !* Car c'était cela le châtiment suprême voulu par Minos : le face-à-face inégal avec un monstre au corps de géant et à la tête de taureau, mis au monde par sa femme. *Si mon père avait obéi à Poséidon, rien ne serait arrivé...*

Quelques années plus tôt, le dieu de la Mer avait offert à Minos un taureau blanc destiné à un sacrifice. Minos, le trouvant superbe, avait refusé de le tuer. Pour le punir, Poséidon frappa son épouse Pasiphaé d'une passion amoureuse pour l'animal. De leur union naquit un être hybride [1] d'une force colossale, que l'on nomma le Minotaure... *Dire que cet être est mon demi-frère !* songea-t-elle.

Ariane et sa servante s'arrêtèrent pour cueillir quelques figues, traversèrent les oliveraies, et se dirigèrent vers la baie où accostaient les navires. Glaucos, un des frères de la jeune fille, et Phèdre,

1. Formé à la fois d'humain et d'animal.

sa sœur, étaient déjà aux côtés de leur père. Ariane préféra quant à elle rejoindre sa mère.

Comme souvent la foule s'était massée pour voir débarquer les futurs sacrifiés. Si, la première année, des cris de joie avaient fusé à l'idée de venger le fils de Minos, l'atmosphère était différente à présent. Ariane avait le sentiment que le peuple jugeait le roi de Crête de plus en plus durement. Ce fut dans le silence que les jeunes gens quittèrent leur embarcation et gagnèrent la plage.

À leur tête marchait le seul d'entre eux qui portait la tête haute : un jeune homme grand, à l'allure athlétique et aux cheveux clairs et bouclés. Lorsqu'il parvint devant Minos, il planta avec aplomb son regard dans celui du roi de Crête. Ariane frémit. Jamais personne n'avait osé toiser son père ainsi. Ce dernier allait être furieux de cet affront.

— Qui es-tu donc pour conduire ce groupe avec tant d'assurance ? interrogea le roi, stupéfait.

— Le fils du roi d'Athènes, le prince Thésée*, répondit le jeune homme.

— Te moquerais-tu de moi ? rugit Minos. Égée n'a eu aucune descendance. Il a même consulté l'oracle [1] il y a dix-sept ans à ce sujet...

1. Prêtre qui devinait l'avenir.

— Eh bien c'est précisément à son retour de Delphes, en faisant halte à Trézène, qu'il a rencontré ma mère. C'est dans ce lieu que j'ai été conçu. Seulement je ne devais me faire reconnaître de mon père qu'à l'âge d'homme et après avoir accompli plusieurs épreuves*.

Déconcerté, Minos se tourna vers un de ses conseillers :

— Je crains que tout ceci ne soit exact, chuchota ce dernier. On dit que ce garçon a combattu vaillamment des brigands et qu'il possède une force extraordinaire.

Vexé, Minos fit entendre un ricanement :

— Si tu es l'héritier du trône d'Athènes, que viens-tu faire ici ? Tu n'ignores pas qu'aucun des otages de ton peuple n'est jamais retourné chez lui !

— Alors que pourtant cette promesse avait été faite à mon père ! coupa Thésée.

Ariane frissonna. Autour d'elle la foule murmurait, inquiète pour le jeune homme.

— Je suis justement là pour que cesse ce simulacre de justice, reprit le prince d'Athènes. Depuis trop longtemps des innocents paient de leur vie la mort de votre fils. Mon père et moi vous proposons un marché : je vais le premier me mesurer à ce taureau que vous cachez dans un labyrinthe. Si j'ai la chance d'en réchapper, vos exigences doivent prendre fin et la paix s'installer entre la Crête et Athènes...

Malgré la chaleur lourde qui accablait l'île, Ariane tremblait à la fois de peur et de froid. Elle jeta un coup d'œil furtif à son père. Le visage fermé, il ne disait rien, laissant s'installer un pesant silence.

— Si je suis vainqueur dans cette épreuve, je veux votre promesse, insista Thésée. Nous laisser partir, mes compagnons et moi.

Il se passa alors quelque chose d'extraordinaire : des voix s'élevèrent parmi la foule pour soutenir le jeune homme. La fille du roi vit son père se tasser. Comme les Crétois étaient fatigués de ce règne ! Même s'ils étaient gouvernés d'une main de fer, une rébellion pouvait toujours éclater. Minos dut en prendre conscience, car il fit ce qu'il avait toujours fait : il berna son peuple.

— Soit, dit-il enfin au prince d'Athènes, si tu viens à bout du Minotaure, vous serez libres...

Puis, d'un geste théâtral, il invita Thésée à marcher à ses côtés, le traitant comme un égal devant le peuple ravi. Mieux encore : dans sa grande clémence, il décida de repousser la date de la compétition d'une journée, afin de permettre aux Athéniens de visiter l'île.

Phèdre et Ariane furent désignées pour leur servir de guides. Ariane trouva l'idée grotesque, Phèdre ne sembla pas choquée. Elles déambulèrent dans Cnossos, cité prospère, vivante, où artisans et artistes de toutes sortes se côtoyaient...

— Même avant sa destruction par votre père, Athènes n'était pas si riche ! constata Thésée.

Ariane admirait son attitude. À l'inverse de ses compagnons, qui avaient l'air profondément désemparés, on aurait dit que le fils d'Égée ne pensait pas à ce qui l'attendait. La jeune fille jugea qu'il ferait un bon roi et lui trouva un regard très doux.

Dire que demain à cette heure il sera peut-être mort ! songea-t-elle. Déjà cette pensée lui semblait insupportable. Elle avait envie d'agir afin d'éviter le pire, au lieu de bavarder calmement comme le faisait Phèdre. Contrariée, de plus en plus troublée, elle s'éloigna du groupe afin de réfléchir.

Comme elle aimait le faire lorsqu'elle avait besoin d'un instant de paix, Ariane pénétra dans le magnifique temple à trois colonnes consacré à Rhéa [1], avec en tête une seule question : « À qui demander conseil ? » Elle traversa la salle du trône, puis déambula dans les pièces suivantes, indifférente aux tableaux enchanteurs qui ornaient les murs. Les

1. Épouse de Cronos et mère de Zeus.

artistes avaient reproduit de façon si réaliste les paysages de mer ou de campagne que, suivant de quel côté l'on se tournait, il était difficile de ne pas se croire réellement en train de nager avec des dauphins, ou d'écouter les oiseaux au pied d'un arbre...

Que dois-je faire ? se répétait Ariane. *Thésée mourra, c'est sûr... Même s'il possède une bonne arme et qu'il a la chance de trouver le Minotaure endormi, jamais il ne retrouvera le chemin de la sortie ! Dédale lui-même assure qu'il pourrait s'y perdre...*

Dédale ! Comment n'y avait-elle pas songé plus tôt ? Si quelqu'un sur cette île était capable de l'aider, c'était bien lui ! Cet homme aux talents multiples, à la fois inventeur, architecte... Cet artisan de génie, qui avait conçu le labyrinthe pour venir en aide à Minos, et cacher l'objet de sa honte... Sans attendre, Ariane se dirigea à pas pressés vers son atelier et lui expliqua à quel acte insensé Thésée avait l'intention de se livrer.

Dédale la dévisagea avec attention puis demanda :

— Tu l'aimes à ce point ?

Ariane baissa la tête. L'homme sourit :

— Eh bien, s'il sort de là vivant, pars avec lui, fuis la colère de ton père. Si j'ai un jour quitté la Grèce pour le servir, c'est parce qu'il était un grand roi, mais, hélas, ce n'est plus le cas et...

— Mais comment l'aider ? l'interrompit Ariane que ces histoires de règne ennuyaient, quel moyen avons-nous ?

Dédale la regarda, un peu surpris :

— Comme tu es jeune et impatiente ! soupira-t-il. Laisse-moi au moins la nuit pour réfléchir. Souhaitons que je n'aie pas besoin de plus de temps encore...

Mais, à l'aube du lendemain, il avait trouvé.

Il restait peu de temps à Ariane pour agir. Offrir la solution de son salut à Thésée, c'était bien. Se faire aimer de lui, c'était encore mieux. De toute façon, elle avait eu une nuit pour s'en persuader : jamais elle ne pourrait vivre sans lui...

Il faisait à peine jour lorsqu'elle se présenta devant le fils du roi d'Athènes. Le jeune homme esquissa un sourire en la reconnaissant. Ses traits étaient tirés, il n'avait pas dormi. Ne sachant comment l'aborder, Ariane se lança un peu au hasard :

— Mon père n'acceptera jamais de faire la paix. Même si vous réussissiez à vaincre le Minotaure et à sortir du Labyrinthe, il ne vous laisserait pas partir, vous et vos compagnons. La haine habite son cœur et nul ne peut l'adoucir...

— Oh, répondit Thésée, d'un ton que la jeune fille trouva triste. Nos chances de quitter cette île sont minimes, je ne l'ignore pas.

— Eh bien, poursuivit Ariane, je crois avoir un moyen de vous aider.

— Tu ferais cela, toi, la fille du roi ? s'étonna le jeune homme.

Ariane rougit sous le tutoiement. La prenait-il pour une enfant ou voulait-il lui montrer qu'il se sentait proche d'elle ?

— Eh bien... oui, balbutia-t-elle.

Elle le regardait avec ferveur et ne put en dire plus. *Qu'il est beau,* pensait-elle, *s'il meurt, je mourrai aussi...*

— J'ai la solution pour vous permettre de revenir sur vos pas, si le Minotaure vous laisse en vie, déclara enfin la jeune fille.

Thésée esquissa une grimace étonnée :

— Terrasser un monstre ne m'effraie pas, mais on m'a toujours dit que personne ne pouvait retrouver la sortie de cet édifice inextricable.

— Parce que personne n'a jamais possédé l'instrument dont je dispose aujourd'hui, affirma Ariane.

— Dans ce cas, j'accepte ce cadeau de bon cœur, et je te remercie. Que veux-tu de moi en échange ?

Ariane baissa la tête. *Si je n'ose pas maintenant, je n'aurai pas d'autre chance,* pensa-t-elle, *je dois absolument lui dire.*

— Je veux que vous me promettiez de m'épouser, lança-t-elle sans le regarder.

Il y eut un silence que la fille du roi de Crête trouva interminable. Puis une main se posa sur son menton, l'obligeant à relever son visage. Thésée la considérait avec tendresse.

— Je crois que tu n'es qu'une petite fille..., murmura-t-il gentiment. Sais-tu que ce sont les dieux qui décident du destin des hommes ? Je te le promets, nous nous marierons dès que je serai sorti de ce labyrinthe... si j'en sors ! Maintenant, si tu me montrais cet « instrument » ?

C'était une très grosse pelote de fils que Dédale avait solidement tressés.

— Je me tiendrai à la porte avec cette pelote, et toi tu dérouleras le fil tout au long du parcours. Lorsque le Minotaure sera endormi et que tu auras pu le vaincre, il ne te restera plus qu'à la rembobiner pour revenir jusqu'à moi.

— Bien sûr ! s'exclama Thésée. C'est une idée géniale ! Comment personne n'y a-t-il pensé avant ?

Parce que personne n'a aimé avant ce jour l'un de ceux qui pénétraient dans ce lieu maudit, eut envie de répondre Ariane.

— Je vais demander à mes compagnons de préparer le bateau et de nous attendre au port, déclara Thésée, puis je te suis pour affronter le monstre avant que ce palais ne se réveille.

Lorsqu'il découvrit la cavité sombre trouant la paroi rocheuse, le visage de Thésée se rembrunit soudain. *Il n'osera pas*, pensa Ariane, qui n'aurait pour rien au monde pu entrer dans cette crevasse. Mais c'était mal connaître Thésée.

— Où se tient le Minotaure ? Est-ce qu'on le sait ? lui demanda le jeune homme.

— Tout au fond, et si nous ne l'entendons pas en ce moment, c'est qu'il dort. Ce n'est qu'à cette unique condition que tu dois l'attaquer.

Ils pénétrèrent dans la caverne dont le sol en pente donnait sur un long couloir. Thésée prit le bout du fil doré que lui tendait Ariane.

— Si je ne reviens pas, fuis sur mon navire et porte la nouvelle à mon père, murmura-t-il.

Puis il lui tourna le dos, se jetant dans les ténèbres du labyrinthe.

Le temps s'étira. On n'entendait aucun bruit. Seule la légère vibration du fil prouvait que Thésée errait dans l'imbroglio de couloirs. Ariane tremblait de froid et de peur.

Quelle heure est-il ? s'interrogeait-elle. *Pourvu que personne au palais ne s'aperçoive de ma longue absence et n'entreprenne de me chercher !* Elle se mit à imaginer la tristesse de sa mère en apprenant sa fuite, puis chassa cette pensée... Seul comptait son avenir avec Thésée...

Soudain, un grognement effroyable retentit et se répercuta dans toute la caverne. Le sol vacilla, les parois vibrèrent, entraînant la chute de quelques pierres. Cela dura quelques secondes puis, à nouveau, le souterrain retrouva la paix.

Ariane eut l'impression d'avoir fait un cauchemar : *C'est fini, le Minotaure a tué Thésée.* Sauf que le fil bougeait encore, et qu'il continua à osciller un assez long moment pour que l'espoir revienne dans le cœur de la jeune fille. Tout se passa très vite ensuite. Le jeune homme, essoufflé et couvert de sang, se précipita sur le seuil du labyrinthe, et attrapa Ariane par la main.

— Cours le plus vite possible ! lui ordonna-t-il.

Sans rencontrer âme qui vive, ils parvinrent dans la baie où les attendait le bateau aux voiles noires* :

— Il faudra hisser les blanches avant d'arriver à Athènes ! déclara Thésée, essoufflé, sinon mon père croira que je suis mort !

Le cœur battant, Ariane se blottit contre lui. Ils avaient réussi ! Ils allaient se marier ! Jamais elle n'avait imaginé ressentir une si grande joie, un tel bonheur...

Le soir même, le bateau fit escale sur l'île de Naxos. Thésée et Ariane, tendrement enlacés, cherchèrent une crique pour abriter leur première nuit ensemble. Serrés l'un contre l'autre, ils parlèrent longtemps, sous les étoiles, de la vie merveilleuse qui les attendait.

Au matin, Ariane se réveilla en souriant. Son corps était plein du souvenir de Thésée, de ses caresses, de ses promesses. Elle tendit les mains pour le toucher. Ses paumes ne rencontrèrent que le sable.

— Thésée ? interrogea la jeune fille en ouvrant les yeux.

Il n'y avait personne. Un peu déçue, Ariane se leva. *Il a dû rejoindre les autres*, se disait-elle en regagnant la plage principale. Mais celle-là aussi était déserte... De plus en plus troublée, la jeune fille scruta les dunes, puis porta son regard sur la mer. Au loin, se découpant à l'horizon, fuyait un navire aux voiles noires...

Pourquoi ? Pourquoi ? Tout n'était donc que mensonges ? Thésée s'était servi d'elle pour vaincre le Minotaure puis l'avait trahie ? Ariane dut s'asseoir sur le sable. Elle avait l'impression d'avoir reçu un coup de poignard. Il ne lui restait qu'à mourir de chagrin.

Certains, comme Homère, affirment que très vite ensuite la vie la quitta.

D'autres, au contraire, racontent que Dionysos vint à Naxos pour la consoler puis l'épouser.

Cependant, leur union ne fut pas heureuse et Ariane mourut jeune, certainement d'avoir trop aimé Thésée.

HÉRO
PRÊTRESSE ARDENTE

Héro, prêtresse ardente, d'après *Les Héroïdes* d'Ovide

Une nuit opaque, poisseuse, enveloppait la tour au sommet de laquelle se tenait Héro. La jeune fille alluma le flambeau dont la clarté devait guider la route de son bien-aimé. Malmenée par le vent, la flamme se tordit, vacilla, menaçant de s'éteindre avant d'avoir brillé.

Héro soupira. C'était à croire, décidément, que les dieux ne lui étaient pas favorables... Son cœur se serra en contemplant les cieux. Pas le moindre rayon de lune, pas la moindre lueur d'étoile n'arrivait à se faufiler à travers l'amas des nuages. Faudrait-il que cette nuit soit, comme les précédentes, vouée à une vaine attente ?

Que faisait Léandre à cet instant ? Le jeune homme contemplait-il cette mer furieuse, de l'autre côté de l'Hellespont* ? Ils étaient à la fois si loin et si près l'un de l'autre ! Lui à Abydos, sur la rive de l'Asie Mineure, elle juste en face, à Sestos, sur le rivage grec. Un simple bras de mer les séparait. Lorsque les flots étaient calmes, le jeune homme les traversait à la nage, dans l'obscurité, afin de la rejoindre…

Un long frisson parcourut le corps frêle de la jeune fille. Jamais elle n'aurait pu imaginer être en proie à un sentiment encore plus ardent que celui qu'elle éprouvait depuis sa plus tendre enfance pour la déesse de la Beauté et de l'Amour. Et pourtant ! C'était un feu qui brûlait en elle. Un feu qui la consumait tout entière…

Avec quelle innocence, quelle insouciance elle avait décidé, il n'y a pas si longtemps, de vouer son existence à Aphrodite, devenant prêtresse et faisant vœu de chasteté ! À cette évocation, Héro ne put retenir ses larmes. Elle se sentait fautive, bien sûr, en reniant l'engagement pris avec tant de ferveur auprès de la déesse. N'y avait-il pas pourtant un espoir que celle-ci la comprenne ? Elle était aussi la protectrice du mariage, et justement, Léandre y songeait… Les mots prononcés par son aimé quelques heures seulement après leur rencontre étaient gravés dans sa mémoire : « Je veux bien être ton esclave, ou ton époux si tu préfères… »

Un sanglot la secoua. Léandre ! Qu'allaient-ils devenir ? Jusqu'à quand devraient-ils cacher ainsi leur amour ?

Son flambeau ballotté par les assauts du vent mais correctement enflammé, Héro quitta les hauteurs de la tour pour se réfugier à l'étage inférieur, où l'attendait sa nourrice, une femme d'âge mûr ayant toujours veillé sur elle.

— Cela fait sept jours que la tempête sévit, déclara la jolie prêtresse en essuyant ses larmes. Léandre me manque tant ! Je voudrais qu'il traverse, en dépit de tous les périls qui le guettent. Ensuite je le garderai près de moi, je l'empêcherai de repartir...

La nourrice posa une main apaisante sur le visage de la jeune fille :

— Allons, garde patience. Un jour viendra la solution. Ne pleure plus et filons notre laine. Le temps passera plus vite en travaillant.

Elles parlèrent un long moment à voix basse, évoquant les moments heureux et paisibles de son enfance auprès de ses parents. Héro avait grandi dans une famille aisée et pieuse, à l'abri de tout souci. Après son engagement envers Aphrodite, elle s'était retirée dans une tour dominant la mer, accompagnée de sa seule nourrice. Héro était d'une beauté rare et beaucoup de femmes la jalousaient. Aussi n'aimait-elle pas se mêler aux autres en dehors des cérémonies quotidiennes. Lorsque Léandre et elle étaient tombés amoureux, l'affectueuse nourrice avait gardé le secret de cette liaison interdite.

La jeune fille jeta un regard ému sur sa complice, constatant qu'elle s'était endormie. Elle put alors songer à son aimé, au bonheur qu'elle éprouvait lorsque, scrutant les flots depuis sa fenêtre, elle apercevait soudain sa silhouette, ombre mouvante glissant vers le rivage. Avec quelle joie elle descendait de la tour ! Comme ils étaient doux, ces courts instants partagés dans les bras l'un de l'autre, lui, trempé et essoufflé par sa longue course, elle, l'essuyant avec des linges et le réchauffant !

C'est Léandre qui avait eu l'idée de leurs retrouvailles nocturnes : « Je suis prêt à tout pour te revoir, comme traverser les flots à la nage... Mets un fanal en haut de la tour et je nagerai jusqu'à toi... » lui avait-il déclaré dès le premier soir. Elle avait accepté, égarée, confuse, mais déjà trop éprise. Le matin même, pourtant, elle ne le connaissait pas.

Ce jour-là, une fête sacrée avait lieu à Sestos, en l'honneur d'Aphrodite. Des centaines de fidèles, certains venus de rivages lointains, se trouvaient réunis pour assister aux sacrifices. Héro se souvenait avec gêne de tous ces regards braqués sur elle alors qu'elle évoluait dans le temple. Elle était toujours l'objet d'une pareille admiration et elle n'arrivait pas à s'y habituer. Léandre lui avait dit plus tard qu'elle éclipsait par sa présence toutes les autres femmes.

Sous le charme, il s'était approché, jusqu'à lui faire face, et elle lui avait souri, oubliant à la seconde son rang, aveuglée par la passion. Ils s'étaient revus après l'office, à l'écart, dans les jardins. Ils savaient déjà qu'ils ne pourraient plus se quitter...

Héro soupira. Pauvre Léandre ! Si elle trompait sa famille et son entourage pendant la journée, lui risquait sa vie chaque nuit. Obligé de taire leur relation, de ne rien dire non plus à ses parents, il partait en cachette à la nuit tombée...

Bercée par la calme respiration de sa compagne, la jeune fille sombra bientôt dans le sommeil. Un sommeil agité, qui ne dura que quelques minutes, le temps d'un cauchemar. Le temps de voir un dauphin lui apparaître dans un songe, échoué sur le sable, mort... Héro s'éveilla emplie d'inquiétude. Un grand vide s'était creusé en elle. Une sensation curieuse, inexplicable... Était-ce à cause de ce rêve si triste, de la mort de ce cétacé ?

Se pourrait-il que ce soit un présage ? se demanda-t-elle, soudain épouvantée. Elle se leva, cherchant un moyen d'apaiser la crainte immense qui l'envahissait. Pourvu que Léandre ne se soit pas montré trop téméraire, qu'il n'ait pas mis sa vie en péril pour la revoir, qu'il ne soit pas allé au bout de ses forces... Elle chassa cette idée terrible : *Non, c'est impossible, pas cette nuit... D'ailleurs il n'est sans doute pas parti avec une telle tempête !*

À présent Héro tremblait de froid. Elle pensa au fanal érigé sur la tour. Le feu brûlait-il encore, malgré le vent ? Devant son fuseau, le menton posé sur sa poitrine, la nourrice dormait toujours. La jeune fille se faufila dans l'escalier et rejoignit le sommet. Un cri lui échappa, léger comme une plainte : la torche était éteinte, le flambeau déjà froid !

Affolée, la jeune fille se tourna vers la mer. Monstrueuse, elle mugissait, noire et menaçante. Héro considéra avec effroi les ondes furieuses, chargées d'écume. Elle eut l'impression de se trouver face une ennemie implacable, un juge hostile, déterminé à la châtier pour ses fautes.

— Léandre ! souffla Héro, des larmes plein les yeux.

Emplie de panique, elle resta immobile, contemplant les flots. Elle se tint là longtemps, plus d'une heure sans doute. Jusqu'à ce fugitif instant où la lune, s'extrayant des nuages, parvint à éclairer faiblement la plage, y révélant un corps sans vie, jeté sur le sable.

— Léandre ! hurla Héro. Léandre !

La jeune fille dévala les marches de la tour et se précipita. Ses jambes la portaient à peine. Elle ne pensait qu'à une chose : ce garçon était toute sa vie... Elle ne saurait lui survivre.

Elle perdit vite connaissance après s'être jetée dans l'eau glacée et tumultueuse. Les vagues ramenèrent son léger corps et le déposèrent près de celui de Léandre, son aimé.

C'est là qu'on les retrouva, au matin, unis pour toujours.

ARACHNÉ
L'INSOUMISE

ARACHNÉ L'INSOUMISE, D'APRÈS *LES MÉTAMORPHOSES* D'OVIDE

En un temps très lointain, dans une contrée de Lydie [1], vivait une jeune fille, très belle et très courageuse. Son nom était Arachné.

Sa mère était morte sans avoir eu le temps de l'élever et c'est auprès de son père, Idmon de Colophon, qu'elle avait grandi. Artisan modeste, ce dernier savait donner aux laines, en les trempant dans une teinture fabriquée à partir d'un coquillage appelé murex, cette couleur pourpre si prisée à l'époque. Dans son atelier, Arachné avait appris la douceur des textures, la beauté des teintes et leurs nuances. Elle avait également compris que seuls lc travail ou le talent permettaient aux gens simples de s'élever dans la société.

1. Correspond aujourd'hui à une région de la Turquie.

Très jeune Arachné s'était donc mise à tisser. Ou plutôt à apprendre à tisser. Ni son père ni elle n'auraient pu dire combien d'heures, de jours, de mois et d'années elle passa penchée devant son métier... Même lorsque ses doigts engourdis renâclaient à la tâche, elle travaillait, s'obstinant encore et toujours. Défaire, refaire, jusqu'à obtenir la perfection. S'acharner, pour devenir une artiste reconnue et exceptionnelle, ce qui un jour, enfin, arriva...

Arachné, alors, s'était installée dans un endroit à elle, au sein de l'humble petite ville d'Hypaepa, pour y créer de magnifiques étoffes. Très vite sa réputation avait grandi. De très loin, on venait admirer ses merveilleux tissus et lui passer commande. Les nymphes elles-mêmes, délaissant leurs vignes ou les rives du Pactole [1], se déplaçaient fréquemment jusqu'à son atelier et chuchotaient autour d'elle avec respect.

Un jour où un groupe de femmes se pressait en criant d'enthousiasme devant le travail exposé, une phrase prononcée assez fort parvint aux oreilles d'Arachné :

— Ce ne peut être que Pallas* qui lui a appris à tisser comme cela... Son ouvrage est d'aussi bonne qualité que celui de la déesse !

1. Rivière où l'on trouvait des paillettes d'or.

Aussitôt Arachné, quittant des yeux ses laines, s'était redressée, rouge de colère.

— Qui ose formuler un tel mensonge ? avait-elle lancé.

Devant son air indigné, personne n'avait osé ouvrir la bouche.

— Je n'ai pas eu besoin d'une déesse pour apprendre mon métier, avait-elle repris, furieuse. Il est le fruit de nombreuses années de labeur et de volonté ! Personne ne m'a aidée. Quant au talent, je ne crois pas qu'il soit l'apanage des dieux ! Que Pallas vienne se mesurer à moi et on verra qui d'elle ou de moi l'emportera ! Si c'est elle, alors je m'inclinerai ! Mais cela m'étonnerait.

Un silence grave s'était installé dans la pièce. Les nymphes hochaient la tête, inquiètes du défi d'Arachné. C'était sûr, la déesse n'allait pas apprécier une telle audace !

Quelques jours plus tard, une femme aux cheveux blancs se présenta à l'atelier. Se faufilant au milieu des clientes et des nymphes, elle se glissa près d'Arachné. Celle-ci, absorbée par son travail, ne s'aperçut pas tout de suite de sa présence.

— Remarquable ! murmura la femme.

La jeune fille sursauta et jeta un coup d'œil courroucé à la personne âgée. Mais l'autre, penchée sur sa canne, lui adressa un sourire mielleux :

— Remarquable, reprit-elle, mais tu devrais tenir compte de mes conseils de femme pleine d'expérience : tu as parfaitement le droit de vouloir être la meilleure des tisseuses parmi les mortelles, mais tu ne dois pas te mesurer à une déesse comme Pallas-Athéna. Il me semble cependant que si tu lui demandes pardon de ta hardiesse, elle ne t'en voudra pas.

Arachné lâcha le fil qu'elle tenait dans sa main et toisa avec mépris la vieille femme :

— Pour qui te prends-tu pour me parler ainsi ? s'écria-t-elle. Je ne suis ni ta fille ni ta bru pour écouter tes propos séniles ! De toute façon, je ne prends des conseils que de moi-même... Quant à Pallas, je ne l'ai pas encore vue. Peut-être redoute-t-elle de se mesurer à moi ?

— Oh non ! répondit la femme, car vois-tu, elle est là, face à toi...

Et, devant les regards médusés de l'assemblée, la vieille, qui n'était autre que la déesse, reprit son apparence habituelle. Des « Oh » et des « Ah » fusèrent, suivis de marques de respect, de flatteries, de révérences. Nymphes comme mortelles s'inclinèrent. Toutes... sauf Arachné.

Si une fugitive rougeur colora le visage de la jeune fille, elle retrouva très vite son sang-froid et toisa Pallas avec aplomb. La déesse, pourtant, ne la regardait plus. Déjà, elle s'était installée devant un des métiers à tisser, prête à répondre à la provocation de la fille d'Idmon de Colophon. Arachné, le cœur battant un peu plus vite qu'à l'habitude, sut que la compétition commençait.

Dans l'atelier régnait un silence angoissé. Tout à leur passion, à leur art, la fille du teinturier et celle du plus grand des dieux ne semblèrent pas s'en apercevoir. Après avoir relevé leurs vêtements pour avoir plus d'aise, les concurrentes avaient tendu des fils verticaux et faisaient passer entre ceux-ci, à l'aide d'une navette, le fil de la trame. Puis, dans un claquement sec, le peigne resserrait la laine à chaque passage. Rien d'autre ne comptait pour l'assemblée que ces quatre mains aux doigts souples entrelaçant les fils avec ardeur. Chacun essayait de deviner le dessin naissant, la nuance des couleurs. Sous les doigts identiquement habiles, la beauté des scènes représentées commença peu à peu à se révéler. Enfin, pour toutes deux, la tâche fut terminée.

Pallas, tournée vers sa propre gloire, avait tissé une étoffe évoquant l'épisode où elle l'avait emporté sur Poséidon pour donner son nom à Athènes. On y voyait le dieu de la Mer debout, frappant le rocher de son trident pour en faire jaillir une source d'eau salée, alors qu'elle-même, dans un geste orgueilleux, donnait vie à un olivier chargé de fruits.

Au-dessus de ce tableau, les dieux de l'Olympe, assis autour de Jupiter, contemplaient d'un air émerveillé la déesse victorieuse, parée de son casque, son bouclier et sa lance. Puis, comme si la toute-puissance divine n'était pas assez évidente, Pallas avait tissé d'autres scènes, de taille plus modeste, aux quatre coins de son étoffe. Figuraient là le tragique destin de quelques mortels ayant osé se mesurer aux dieux, et le châtiment cruel qu'ils en avaient reçu : leur métamorphose en montagne de glace, grue ou cigogne, semblait être un avertissement destiné à Arachné...

Cette dernière n'avait fait apparaître aucun humain arrogant sur son métier à tisser. Dans un festival de couleurs chatoyantes, la jeune tisseuse avait donné vie à un grand nombre de mortels ou de déesses trompés par les dieux. Jupiter y apparaissait neuf fois : avec la malheureuse Europe pour laquelle il s'était déguisé en taureau, avec Léda, où sa ruse avait été de prendre l'apparence d'un cygne, et avec bien d'autres encore... On y découvrait aussi Neptune, Liber, Phébus, Saturne, en flagrant délit de mensonge pour arriver à leurs fins. Toutes les roueries, tous les subterfuges des dieux figuraient là de façon particulièrement réaliste. Il n'y avait rien d'exagéré dans ce tableau, tout avait existé.

Est-ce de voir affichées ainsi les fautes divines qui irrita Pallas-Athéna ? Ou d'avoir sous les yeux la preuve qu'une simple mortelle excellait dans un art qui était avant tout le sien ? Car il n'y avait rien à redire au travail accompli par Arachné. Techniquement, son tissage était parfait, aussi parfait que celui de la déesse.

Ce fut sans doute cela qui lui fut insupportable. De découvrir qu'elle, fille du grand Jupiter, pouvait être comparée à une simple mortelle, et même dominée par cette dernière ! Dans un geste de colère, Pallas arracha l'ouvrage de la jeune fille de son métier à tisser et en déchira l'étoffe. Puis, elle la frappa par trois fois avec la navette qu'elle tenait encore en main.

Pendant ces terribles secondes, Arachné pensa à son père et à tout ce qu'il lui avait appris. Elle se souvint des dures années de travail et de la fierté qu'elle avait éprouvée à réussir et à être indépendante. L'humiliation qu'elle subissait à présent l'emplit d'une souffrance infinie.

Désespérée, elle s'empara d'un lacet et le serra fermement autour de son cou. Son geste fut si rapide que Pallas faillit ne pas s'en apercevoir à temps. La déesse, en effet, avait d'autres projets que la mort pour cette fille insoumise ! Lui arrachant le lacet, elle la métamorphosa en araignée, lui laissant pour seule occupation celle de tisser des toiles à jamais...

HÉLÈNE
DE SPARTE
DE TROIE

Hélène de Sparte, Hélène de Troie, d'après *L'Iliade* d'Homère

Elle se nommait Hélène. Jamais petite fille aussi ravissante n'avait vu le jour dans le royaume. En la regardant il arrivait souvent à son père, le roi de Sparte Tyndare, de se demander comment son épouse Léda et lui avaient pu engendrer une enfant aux traits si parfaits. Non qu'ils fussent laids, bien au contraire, mais Hélène, elle, était d'une beauté si extraordinaire qu'on aurait pu croire que c'était un dieu qui l'avait créée.

Un dieu ? Il y en avait bien un qui avait essayé de séduire l'épouse du roi : Zeus en personne ! Mais Léda, fidèle et sage, ne lui avait pas cédé. Enfin, c'était ce que Tyndare croyait... Car Zeus, avec un goût immodéré pour les subterfuges, ne renonçait jamais. Quand Léda, quelques jours après avoir été courtisée, avait entendu les cris effrayés d'un cygne qu'un aigle poursuivait, elle avait laissé le grand oiseau blanc trouver refuge auprès d'elle. Puis, tout en le caressant pour le réconforter, elle s'était endormie. Alors le cygne, qui n'était autre que Zeus, avait abusé d'elle, et Léda, à sa grande surprise, avait mis un peu plus tard au monde un œuf, d'où était sortie Hélène. Mais cela, Tyndare l'ignorait...

En grandissant, la beauté de la fille du roi et de la reine de Sparte ne se ternit pas, bien au contraire, et les visiteurs étrangers de passage à Sparte, séduits, colportaient la nouvelle. À l'époque où la principale occupation d'Hélène était de jouer avec sa sœur Clytemnestre et ses frères Castor et Pollux, plus personne dans le royaume de Grèce n'ignorait la couleur de ses yeux, aussi mouvante que celle de la mer, la blondeur de sa chevelure, la sveltesse de sa silhouette et la teinte dorée de sa peau.

En la voyant, le roi d'Athènes, Thésée, âgé d'une cinquantaine d'années, en perdit la tête. Il l'enleva et, comme elle n'avait que dix ans, la confia à sa mère en attendant qu'elle grandisse. Hélène fut vite délivrée mais cet événement bouleversa Tyndare qui ne cessait de se tourmenter :

— Il faut songer à la marier, disait-il à Léda, avant que quelqu'un d'autre ne vienne nous la ravir !

— Attendons un peu, plaidait la mère d'Hélène, elle est encore si jeune.

Il attendit. D'abord qu'elle perfectionne son art dans le travail de la laine, mais elle y excella très vite, ensuite qu'elle progresse dans le jeu de sa lyre, mais bientôt aucun professeur ne l'égala dans ce domaine. Alors, n'y tenant plus, il fit savoir que sa fille, la merveilleuse Hélène, cherchait un époux, et des prétendants venus de toutes les régions de la Grèce se firent connaître. Un nombre invraisemblable de candidats au mariage, qu'il fallut recevoir...

Très embarrassé, le roi de Sparte fit appeler sa fille ;

— J'aurais besoin de ton aide, Hélène. Voyons, de quel genre d'époux rêves-tu ?

Rêver ? Hélène n'avait jamais vraiment envisagé de se marier. Bien sûr, cela lui faisait plaisir d'être admirée, mais elle n'en tirait aucune vanité et aurait bien préféré vivre plus librement, comme Castor et Pollux, plutôt que de se ranger. Mais bon... puisqu'elle avait la chance qu'on lui demande son avis, ce qui n'arrivait jamais aux filles, elle n'allait pas encore ennuyer Tyndare en refusant toute alliance ! Alors elle discuta avec lui des avantages et des inconvénients qu'elle avait à épouser tel homme ou tel autre. Son choix se porta finalement sur Ménélas, un garçon blond et doux, aux larges épaules, suffisamment conciliant pour accepter de résider à Sparte, qu'Hélène ne voulait pas quitter. Le frère de Ménélas, Agamemnon, demanda alors la main de Clytemnestre et rejoignit avec cette dernière son trône de Mycènes.

Les premiers temps, Ménélas fut un mari attentif et Hélène éprouva du bonheur à ses côtés. Mais, bientôt, Tyndare lui confia le trône de Sparte et la charge devint lourde pour le jeune homme. Hélène, qui ne le voyait pas de la journée, commença à s'ennuyer. La naissance d'une petite fille, Hermione, lui apporta une distraction, mais bien vite le quotidien de sa vie lui pesa à nouveau. Aussi fut-elle enchantée lorsque Ménélas l'informa de la visite de Pâris, un prince venu de Troie.

— Tu m'accompagneras lors de nos discussions et de nos visites, Hélène. Les problèmes avec les Troyens n'ont que trop duré et ta présence adoucira les rapports que je souhaite établir avec le fils du roi Priam.

La jeune femme, qui jusque-là ne s'était jamais intéressée à la politique, apprit alors que la ville de

Troie était située sur une voie commerciale importante et faisait payer très cher le passage des bateaux sur l'Hellespont, ce que Ménélas souhaitait négocier.

Dès le premier regard, Hélène sut qu'elle plaisait au prince troyen et elle ne fut pas insensible à son charme. Deux jours s'étaient écoulés depuis l'arrivée de Pâris quand Ménélas fut appelé en Crète au chevet de son père.

— Je te confie notre invité, dit-il à son épouse. Occupe-toi bien de lui.

Hélène et Pâris apprirent à se connaître et le bien-être qu'ils éprouvaient à être ensemble les bouleversa. Bientôt ils ne purent plus passer un moment l'un sans l'autre.

— Pars avec moi à Troie, lui demanda le prince troyen, je ne peux plus vivre sans toi.

Hélène prit le temps de réfléchir et finit par dire oui. Ils partirent bien avant le retour de son époux. Elle laissa derrière elle sa fille, ses parents et ses amis. Elle se sentait bien un peu coupable, mais trop faible pour résister à l'amour de Pâris. Elle avait l'impression que c'était une autre qu'elle qui décidait... Pourtant, devant les murailles de Troie, Hélène sentit la peur s'emparer d'elle : que venait-elle faire ici, elle, une Grecque, dans cette ville et cette famille étrangères ?

Ses tourments s'envolèrent dès que Priam, son épouse Hécube, et les nombreux frères et sœurs de Pâris lui furent présentés. Elle s'étonna de leur gentillesse, et de leurs habitudes, si semblables à celles de son peuple. Une seule ombre se glissa dans cette belle journée : la mine épouvantée que fit Cassandre, la très belle sœur aînée de Pâris, en croisant le regard d'Hélène...

— Cassandre est une prophétesse, lui expliqua le jeune homme le soir même. Elle devine ce qui va arriver. Ou peut-être croit-elle le deviner...

Pâris esquissa un sourire, mais Hélène ne s'y trompa pas : il était terriblement inquiet.

— Et que croit-elle ? interrogea la jeune fille. Cela a certainement un rapport avec moi, étant donné la façon dont elle m'a regardée.

— Je ne veux pas voir s'assombrir le bleu de tes jolis yeux, souffla Pâris en l'enlaçant. Cesse de te poser des questions. Je t'aime, cela devrait te suffire...

Hélène n'insista pas. Elle trouverait bien un autre moyen de connaître les prédictions de cette Cassandre. Pour l'heure, rien n'était plus important que la chaleur des bras de son aimé.

Peut-être parce qu'il savait que le temps de la paix serait court, le roi Priam fit rapidement célébrer un mariage entre son plus jeune fils et la fille de Tyndare. Au cours d'une fête somptueuse, Hélène de Sparte devint Hélène de Troie.

Me voilà désormais troyenne, pensa la jeune femme ce soir-là. *Mais, en vérité, je ne serai jamais vraiment ni d'une cité, ni d'une autre...*

Très vite, Pâris se remit à travailler aux côtés d'Hector et de leur père. Des messages commençaient à arriver de Grèce, demandant la libération d'Hélène...

— Comme si elle n'était pas venue de son plein gré ! s'exclamait Hector.

Grâce aux sœurs de Pâris, Hélène s'était vite adaptée à sa nouvelle vie. Ensemble, elles allaient prier au temple ou se baigner puis, l'après-midi, tissaient auprès d'Hécube. Cela permettait à la jeune femme de se sentir un peu moins éloignée des siens. De temps à autre, pourtant, des pensées l'assaillaient. Que faisait sa petite Hermione à cet instant ? Avait-elle eu raison de la priver d'une mère ? Et Ménélas ? Qu'avait-il pensé de sa conduite infâme ?

Un soir où ni Cassandre ni Hécube n'étaient présentes, la conversation s'orienta sur les présages des devins.

— Si on avait écouté notre sœur aînée, dit une des filles, nous n'aurions jamais connu Pâris, et toi non plus Hélène...

— Mais pourquoi donc ? demanda la jeune femme, surprise.

— Tu ne sais pas ? s'étonna l'autre. Ton mari ne t'a rien raconté ?

— Quoi ? Que devrais-je donc savoir ? interrogea Hélène, de plus en plus curieuse.

— Eh bien, avant la naissance de Pâris, Hécube n'arrivait plus à dormir. Elle ne cessait de faire des cauchemars horribles, dans lesquels elle voyait son futur bébé se transformer en flamme et mettre le feu à la cité. Cassandre et les devins furent appelés et leur prédiction brisa le cœur d'Hécube. Il fallait se séparer de cet enfant dès sa naissance si on ne voulait pas qu'il soit à l'origine de la destruction de Troie.

Hélène sentit son cœur battre plus fort dans sa poitrine. Un instant, la peur la rendit muette. La fille de Priam reprit son récit :

— Pâris fut abandonné sur le mont Ida et livré aux bêtes sauvages. Un berger le trouva et l'éleva comme son fils. Il devint fort et beau. Un jour, des jeux furent organisés en l'honneur d'Hécube et il descendit y participer. Lorsqu'il gagna trois fois de suite, battant Hector, Père et Mère posèrent des questions sur lui, d'autant qu'il ressemblait étrangement à Hector. Quand ils se rendirent compte que c'était leur fils, ce fut un moment de joie collective inoubliable... Hécube implora Pâris de revenir vivre au palais...

— Tout le monde avait oublié la prédiction ? souffla Hélène.

— Je ne crois pas, mais personne n'en parla, sauf Cassandre, qui supplia ses parents de ne pas se laisser attendrir et de refuser ce retour. Ils ne voulurent pas l'écouter...

— Ce n'est pas possible, murmura Hélène. Sans doute est-ce pour cela que ma présence dans cette cité l'effraie. Si une guerre éclatait à cause de moi, qui sait si Troie résisterait ? Et ce serait moi la fautive, moi la responsable !

Comme pour lui donner raison, des centaines de navires accostèrent sur la plage quelques jours plus tard : les Achéens [1] venaient livrer bataille aux ravisseurs de la reine de Sparte.

— C'est la guerre ! entendait-on partout dans les rues de la ville, la guerre !...

Hélène n'osait plus se montrer. Elle avait honte. Pourquoi la vie se montrait-elle si cruelle envers elle ? Il fallut bien sortir, pourtant. Le roi Priam la priait de le rejoindre sur les murailles. Lui au moins ne lui reprocherait rien, elle le savait. Sur sa route, quelques injures fusèrent :

— Chienne de malheur ! lança quelqu'un.

1. Autre nom donné aux Grecs.

Ils ont raison, pensa-t-elle, *je ne suis que cela, une chienne de malheur*... Drapée dans ses longs voiles, elle rejoignit Priam, le visage mouillé de larmes.

— Viens ma fille, viens t'asseoir devant moi, et sèche tes pleurs, murmura le roi. Tu n'es pour rien dans ce qui se passe : les dieux seuls sont à l'origine de ce conflit. Regarde ! D'ici on domine tout, et je voudrais connaître les noms de ceux qui sont devant nous. Tu les connais bien puisque ce sont les tiens...

Les miens..., songea Hélène, troublée, *qui sont-ils vraiment ? Me voilà au milieu d'eux, d'un côté les Grecs, de l'autre les Troyens. Et les uns comme les autres font à présent partie de ma famille...*

Le cœur lourd, Hélène parcourut du regard les combattants. Puis, tendant le doigt, elle les nomma :

— Voilà Agamemnon, jadis mon beau-frère, puis Ulysse, mon cousin. Tenez, là, c'est Achille, le fils de la déesse Thétis... et, tout contre ce rocher, Ajax.

Soudain, elle reconnut Ménélas et vit qu'il la regardait. Elle se tut. *Après tout ce que je lui ai fait subir, jamais il ne pourra me pardonner*, songea-t-elle.

Mais déjà, face aux Achéens, les Troyens, menés par leur chef Hector, s'étaient regroupés. Seul Pâris, couvert d'une peau de panthère et brandissant un arc recourbé, se tenait à l'écart. Lorsque Ménélas le vit, il sauta de son char et bondit vers lui plein de rage. Terrorisé, Pâris se cacha au milieu des siens.

— Pâris de malheur ! s'écria Hector, suffisamment fort pour qu'Hélène et Priam l'entendent, comme tu es lâche ! Mais pourquoi donc es-tu né ? Pourquoi n'es-tu pas mort avant d'avoir pris femme ?

— Tu as raison de me maudire, mon frère, répondit Pâris. Je te propose une chose : je vais me battre seul à seul contre Ménélas. Celui qui gagnera sera définitivement l'époux d'Hélène et nous éviterons une guerre de grande ampleur...

— Voilà une excellente idée, approuva Hector, qui de plus nous évitera bien des morts.

Le visage de Priam avait brusquement pâli. Il se leva avec peine.

— Je ne peux voir mon plus jeune fils combattre sous mes yeux, annonça-t-il. Reste, ma fille, si tu le veux.

Bouleversée, Hélène regarda ses deux époux se jeter l'un contre l'autre avec violence : Ménélas sembla d'abord avoir le dessus, jusqu'à ce que son épée ne se brise en trois sur le casque de Pâris. Il saisit alors ce dernier par la tête et l'entraîna dans son camp, à moitié étranglé. Ce fut la courroie du casque, en se cassant, qui sauva le Troyen de la mort. Fou de rage, Ménélas le poursuivit à nouveau, sa pique de bronze en main. Mais au moment où il allait l'atteindre, une nuée opaque enveloppa le fils de Priam, et il disparut comme par magie.

— Ce brouillard subit ne peut être que l'œuvre d'un dieu ! hurla Ménélas. Qui donc protège ce fils maudit ?

Un dieu ? s'interrogea Hélène, qui ne savait plus si elle devait se réjouir ou non de la scène qui venait de se dérouler sous ses yeux. *Pâris serait le favori d'un dieu ?*

À cet instant, une vieille femme apparut à ses côtés :

— Ton époux t'attend dans votre chambre, lui souffla-t-elle, il est pressé de te serrer contre lui.

— Qui êtes-vous ? demanda Hélène, en détaillant la personne ridée qui se tenait près d'elle. Puis, l'examinant plus longuement, elle reconnut Aphrodite :

— Ainsi c'est vous, une déesse, qui venez d'humilier mon premier époux en favorisant Pâris ! Pensiez-vous me berner moi aussi sous votre déguisement ?

— Tu es d'une grande perspicacité, Hélène ! sourit Aphrodite. Très peu de personnes ont le pouvoir de reconnaître les dieux... Oui, Pâris est mon protégé, et depuis très longtemps. C'est d'ailleurs pourquoi tu es là...

— Que voulez-vous dire ?

— Ton époux troyen te l'expliquera. Va le rejoindre à présent !

— Non ! se rebiffa Hélène, allez le voir vous-même, je n'ai aucune envie de le retrouver...

— Depuis quand remet-on en cause l'ordre d'un dieu, ma fille ? s'écria Aphrodite en colère. Je t'aime beaucoup, mais mon pouvoir est grand : je peux te briser et me montrer très cruelle envers ceux que tu chéris. Est-ce ce que tu souhaites ?

Effrayée, Hélène ne répondit pas. Les questions se bousculaient dans sa tête. Elle se remémorait les phrases de Priam : « Les dieux sont seuls responsables... » *Ce n'est pas possible, c'est moi et personne d'autre qui ai décidé de suivre Pâris à Troie.* Déroutée, elle regagna la chambre nuptiale.

— J'ai honte pour toi, dit-elle à son époux, tu t'es conduit comme un lâche, tu as fui alors que Ménélas avait la victoire. À cause de cela, la guerre va continuer...

— Tais-toi, Hélène, et viens dans mes bras. Moi, je suis très heureux de t'avoir retrouvée...

La guerre continua en effet. De la façon dont elle s'était déroulée entre Pâris et Ménélas, sous forme de duel. Les noms de Hector et d'Ajax furent tirés au sort, mais, ce jour-là, chacun des deux combattants resta en vie. Puis il y eut des journées difficiles, jusqu'à ce qu'Hector tue le Grec Patrocle. La fureur des Achéens fut alors terrible. Dès le lendemain, Achille et Hector furent adversaires, jusqu'à ce que mort s'ensuive : Hector au casque étincelant, le fils chéri de Priam, l'époux aimé d'Andromaque, fut traîné dans la poussière au milieu des cris de victoire...

Jamais Hélène ne se sentit aussi méprisable que lors des terribles moments qui suivirent. Aussi écartelée entre tous ces guerriers qu'elle aimait pareillement. Il lui semblait vivre un cauchemar. « Face de chienne », répétait une petite voix dans sa tête.

Un soir, elle apostropha Pâris :

— Au moins, toi, tu ne mourras pas, puisque Aphrodite te protège !

— Que t'imagines-tu ? Pour une déesse à mes côtés, deux autres sont contre moi, soupira son époux.

— Que veux-tu dire ? Et d'ailleurs, par quel sortilège es-tu devenu le protégé d'Aphrodite ?

— C'est une vieille histoire, mais je vais te la raconter, car je n'aurai sans doute pas d'autre occasion de le faire, dit tristement Pâris. Un jour, alors que je n'étais encore qu'un berger, trois déesses se sont présentées devant moi : Héra, l'épouse de

Zeus, Athéna, la déesse de la Sagesse et de la Guerre, et Aphrodite, la déesse de l'Amour et de la Beauté. Chacune m'a proposé un cadeau somptueux et j'ai accepté celui d'Aphrodite. Depuis, les deux autres me détestent...

— Que t'offrait-elle donc de plus ou de différent ?

— D'avoir pour épouse la femme la plus belle qui puisse exister. C'était pour moi bien plus important que de posséder la richesse ou d'être glorieux au combat. Je ne l'ai jamais regretté...

Abasourdie, Hélène ne trouva rien à répondre, elle ne pouvait se résoudre à n'être que le jouet des dieux.

Il ne s'écoula que quelques heures entre les aveux de Pâris et sa mort. Ce même jour, dans le camp achéen, Achille aussi mourut. Enfermée dans sa chambre, Hélène se demandait pourquoi elle n'était pas plus triste. Elle avait aimé Pâris, tout quitté pour le suivre : pourtant, aucune larme ne lui venait à présent, aucun désir de se lamenter. En effet, n'était-ce pas leur union qui avait provoqué tant de malheurs ?

Lorsqu'on vint l'avertir du départ des Achéens, occupés déjà à charger leurs navires, elle se précipita dehors, se mêlant aux Troyens étonnés.

— Ils partent ? entendait-on de tous côtés. Alors, nous n'avons pas perdu la guerre ?

Elle fut sans doute la seule à comprendre que c'était un piège, un faux départ, une ruse. Elle connaissait trop bien son peuple et l'intelligence dont il savait faire preuve.

L'aube suivante livra un gigantesque cheval de bois sur la plage. Pensant que c'était une offrande destinée aux dieux ayant protégé leur ville, les habitants, malgré la réticence de Cassandre, firent une brèche dans leur mur d'enceinte pour l'y faire pénétrer. Le soir même, Hélène fit le tour de la gigantesque bête. *Nul doute que des hommes se cachent à l'intérieur*, pensait-elle, troublée. *Des Grecs prêts à fondre sur Troie endormie...*

Hagarde, la jeune femme s'interrogeait : Qui aider ? Qui soutenir ? Troyens ou Achéens ? Par trois fois, elle fit le tour du cheval, appelant par leurs noms les hommes invisibles, imitant à la perfection la voix de leurs épouses, tentant de faire échouer leur traquenard. Puis, emplie de honte, elle se ravisa. Pourquoi en vouloir à ces combattants-là précisément ? Faire échouer les siens ? Elle ne pouvait décidément pas choisir son camp...

Les Grecs quittèrent leur cachette de bois pendant la nuit et, rejoints par d'autres troupes, mirent Troie* à feu et à sang. Hélène attendit, aux côtés des femmes troyennes, que l'on dispose d'elle. Elle savait bien que Ménélas viendrait et que tout alors pour elle rentrerait dans l'ordre.

Homère affirme en effet qu'Hélène retrouva son premier époux et vécut paisiblement à Sparte auprès de lui. D'autres auteurs, comme Euripide, déclarent qu'Hélène ne se rendit jamais à Troie, mais fut conduite par Pâris en Égypte, où les dieux façonnèrent un fantôme d'elle qu'ils envoyèrent à sa place à Troie.

CALYPSO
UNE NYMPHE POSSESSIVE

CALYPSO, UNE NYMPHE POSSESSIVE, D'APRÈS *L'ODYSSÉE* D'HOMÈRE

Ce matin-là, le soleil dardait ses rayons depuis longtemps sur l'île d'Ogygie [1], au bord de la Méditerranée, mais la belle Calypso était encore à sa toilette. Assise auprès d'un feu duquel émanait une bonne odeur de cèdre, la nymphe chantonnait tout en peignant ses longs cheveux bouclés. Elle s'apprêtait à les tresser lorsqu'un léger bruit la fit se retourner : Hermès, chaussé de ses sandales ailées, sa baguette d'or à la main, se tenait immobile, à l'entrée de la grotte*.

Calypso laissa retomber sa chevelure, se leva et s'avança à sa rencontre en tendant les bras.

— Je ne m'attendais pas à recevoir la visite du messager des dieux, dit-elle avec surprise. Je croyais

1. Presqu'île de Ceuta, en face de Gibraltar.

que tu avais horreur de traverser les mers ! Est-ce le hasard qui t'amène sur l'île d'Ogygie ?

— C'est-à-dire... non, répondit Hermès, avec une gêne visible. J'ai, bien sûr, beaucoup de plaisir à te revoir, toi, la fille d'Atlas, surtout en ce lieu magnifique, mais... en fait...

Il avait l'air si gauche que la nymphe, ne l'écoutant plus, l'entraîna en direction d'une table :

— Viens que je t'offre l'hospitalité, lui dit-elle en souriant. Quand tu auras bu et mangé, tu te sentiras plus en forme.

Soulagé, le dieu s'assit :

— Les vapeurs du thuya qui s'échappent de cette caverne embaument toute la terre environnante, déclara-t-il. Et la futaie qui l'entoure est vraiment magnifique !

— N'est-ce pas ? approuva la jolie nymphe. C'est un bonheur pour moi de voir les oiseaux y nicher : des chouettes, des corneilles ou des éperviers y trouvent gîte...

Tout en bavardant, elle servait de l'ambroisie, la boisson des dieux. Hermès la remercia d'un signe de tête puis continua :

— Quant au spectacle de ces quatre sources alignées, si proches les unes des autres à l'entrée de la grotte, il est extraordinaire... Ici, on ne peut qu'avoir l'âme ravie et les yeux charmés, même lorsque l'on est un Immortel.

Puis, ayant laissé passer un court instant de silence :

— Alors, un mortel... ne pas s'habituer à un pareil endroit, murmura-t-il très bas.

Calypso pâlit :

— Voyons, que veux-tu dire ? demanda-t-elle d'une voix soudain tremblante. De qui donc parles-tu ?

— De celui qui vit à tes côtés depuis sept années maintenant, et que l'on nomme Ulysse, murmura Hermès. Il y a eu un conseil des dieux à son sujet, car il paraît qu'il n'est pas là de son plein gré, que tu le retiens prisonnier. Or Zeus ordonne qu'il soit libéré...

L'émotion envahit Calypso et fit jaillir deux perles mouillées de ses beaux yeux. Elle se mordit la lèvre pour ne pas éclater en sanglots.

— Il faut bien que là-haut, sur l'Olympe, les langues s'occupent à jalouser celles d'entre nous qui aspirent à un peu de bonheur ! s'exclama-t-elle courroucée. Qui d'autre que moi a sauvé Ulysse lorsque les dieux le laissaient seul, flottant sur une mer déchaînée, abandonné de tous ? Qui d'autre que moi l'a nourri et choyé, lui offrant même l'immortalité ?

— On dit qu'il l'a refusée..., souffla Hermès.

Un frisson de lassitude secoua la jolie nymphe :

— Hélas oui ! soupira-t-elle. La jeunesse éternelle n'intéresse pas Ulysse. Mais, avec le temps, et toute la tendresse qui est en moi, il ne saura refuser...

— Mais tu n'as plus le temps Calypso ! Sept ans se sont écoulés et il rêve toujours de sa patrie. Je l'ai aperçu en survolant la côte : assis au bord de l'eau, les yeux tristement fixés sur l'horizon... Pourquoi t'obstiner à le priver de ceux qu'il chérit le plus ? Voilà, je t'ai fait part du désir du plus grand des dieux, et cela n'a pas été de gaieté de cœur. À présent, fais ce que tu penses être le mieux...

Calypso resta un long moment dans sa caverne, la tête posée dans ses mains. Elle pleurait doucement. Les souvenirs de l'arrivée d'Ulysse sur la terre dont elle était la reine lui revenaient en mémoire. Elle avait aimé le roi d'Ithaque dès qu'elle l'avait vu, et pourtant, quelle piètre allure il avait alors ! Pourquoi donc l'accusait-on de le garder prisonnier ? Elle n'avait jamais considéré la situation ainsi. Cependant, elle n'avait, il est vrai, jamais offert à Ulysse les moyens de s'en aller durant toutes ces années...

Elle se remémora leurs longues soirées auprès du feu, Ulysse lui racontant le siège de Troie, la pénible vie du guerrier lorsque le combat s'éternise.

Il ne lui avait pas caché qu'il avait refusé tout d'abord de partir pour ce siège, malheureux de laisser sa jeune épouse Pénélope et leur bébé Télémaque. Tant d'années s'étaient écoulées ! La nymphe avait espéré que sa beauté, sa gentillesse et les prodiges qu'elle pouvait lui offrir suffiraient à estomper le souvenir de sa femme. Bien d'autres auraient envié la vie qu'il menait auprès de cette fille d'Atlas [1]...

Ulysse, cependant, n'oubliait pas. Trop pudique, il ne pleurait pas devant Calypso, soucieux aussi de ne pas la blesser. Il savait bien que la nymphe l'aimait. À moins que... Calypso releva la tête. Jamais une idée semblable ne l'avait effleurée : et si Ulysse ne lui parlait jamais de son amour pour les siens parce qu'il avait peur d'elle ? Peut-être craignait-il sa colère ? Il avait déjà subi tant d'épreuves, connu tant de déceptions durant son long périple ! Comment ne pas se méfier des femmes, après avoir échappé de justesse aux sortilèges de la magicienne Circé, une beauté qui charmait les hommes puis les transformait en animaux ! La nymphe frissonna en imaginant son Ulysse sous l'apparence d'un cochon ayant gardé toute sa mémoire d'humain... C'était une prison bien plus odieuse que son séjour dans l'île d'Ogygie !

1. Atlas : Titan, représenté soutenant la voûte céleste.

Calypso rajouta une branche de genévrier dans l'âtre puis, le cœur gros, sortit de la grotte. La douceur chaude de l'air lui fit l'effet d'une caresse et la rasséréna. Allons ! Sa décision était prise, elle devait se montrer courageuse. Voir Ulysse malheureux à cause d'elle ne pouvait la satisfaire plus longtemps, alors, puisque Zeus le voulait, et si tel était le souhait de son bel aimé, elle l'aiderait à partir.

Elle le trouva tel qu'Hermès l'avait décrit, tel qu'il était depuis tant de jours et tant de mois : prostré, face à la mer, l'air sombre, le regard perdu dans le lointain. Un court instant Calypso sentit la force lui manquer. Ah ! Comme elle avait de la chance, cette Pénélope, d'être l'objet d'un amour si solide ! Et comme la présence d'Ulysse allait lui manquer !

— Ulysse ?

— Mmm...

Le roi d'Ithaque détourna les yeux et découvrit la nymphe debout près de lui.

— Qu'y a-t-il Calypso ? demanda-t-il d'un ton las, mais poli.

— Ulysse, je sais que je t'oblige à séjourner chez moi depuis trop longtemps, déclara la nymphe. Je pensais que tu finirais par m'aimer et que tu oublierais les tiens, mais tu es toujours aussi malheureux. C'est pourquoi j'ai décidé de t'aider à rejoindre Ithaque. Je veux que tu te construises un radeau.

La stupéfaction puis l'effroi se peignirent sur les traits d'Ulysse :

— Non, Calypso ! cria-t-il. Ne m'envoie pas sur les flots déchaînés car alors c'est la mort qui m'attend. Mais peut-être est-ce cela que tu souhaites, me voir mourir et me punir ainsi de ne pas t'aimer ?

— Comment peux-tu me croire aussi cruelle ? s'écria la nymphe, bouleversée. Toi et moi avons passé tant d'années l'un près de l'autre et tu te méfies encore ? Non, Ulysse, je ne te renvoie pas de mon plein gré sur ton île natale, ce sont les dieux qui me l'ordonnent. Ils n'ont pas tort sans doute, car jusqu'à la fin de ton existence, tu ne penseras qu'à Pénélope. Alors il vaut mieux que tu la rejoignes...

Combien elle nous attriste, parfois, la joie de ceux que l'on aime, lorsqu'ils s'empressent de nous quitter ! L'espoir se mit à briller dans les yeux d'Ulysse et métamorphosa son visage. Comme il était beau avec cet air heureux ! Calypso sentait le chagrin monter en elle. Il lui était dur de ne pas pleurer...

— Je vais te faire préparer toute la nourriture nécessaire, déclara-t-elle en baissant la tête. Dès demain matin, nous nous mettrons au travail. Il y a dans l'île tout ce qu'il faut de sapins, de frênes ou de trembles. Tu les abattras, je t'aiderai à les aplanir et à les attacher. Viens, il est l'heure de rentrer dans ce qui est encore notre foyer...

Ils passèrent les jours suivants ensemble, sur la grève, à couper, tailler, poncer, cheviller. Le soir et la nuit, ils étaient près de l'âtre odorant de la caverne. Le travail avançait vite. Bientôt, le mât fut prêt et fixé par des solives [1], le gouvernail placé, les voiles tendues. Ulysse borda son radeau d'une cloison en osier pour affronter les vagues et le mit à l'eau, l'air inquiet cependant.

— Il faut être bien imprudent pour partir dans des lieux où les plus grands vaisseaux se brisent, soupira-t-il en regardant Calypso.

— Ne te tourmente pas, Ulysse, et fais-moi confiance, dit la nymphe. Je t'accorderai une brise clémente. En gardant à ta gauche la constellation de la Grande Ourse et en face celle d'Orion, tu vas arriver sur l'île de Schérie [2]. Là vivent les Phéaciens, un peuple de grands marins. Eux te conduiront ensuite à Ithaque...

Elle ouvrit les bras et le serra une dernière fois contre elle. Elle était à la fois infiniment triste et infiniment heureuse. Il se laissa faire puis, tout en la regardant, il passa sur les douces joues de la

1. Pièces de bois.
2. Actuelle île de Corfou.

nymphe ses mains rugueuses, afin d'y effacer les larmes.

— Ne pleure pas Calypso. J'aurais tant voulu te rendre tout l'amour que tu m'as offert, rester avec toi pour l'éternité... Mais j'aime trop les miens, ne m'en veux pas.

— Les dieux décident, Ulysse, souffla la nymphe d'une voix émue. Pars maintenant, les cieux te sont propices, nulle tempête ne viendra te troubler.

Alors Ulysse marcha vers le radeau et prit la mer. Sur le rivage, Calypso lui fit un signe. Elle resta là, à le regarder, bien après qu'il eut disparu de l'horizon.

Calypso retrouva sa vie solitaire et n'oublia jamais Ulysse. Elle en voulut toujours aux dieux de l'avoir obligée à lui redonner sa liberté...

Ulysse vogua pendant dix-sept jours dans une mer calme. Le dix-huitième, les côtes de l'île de Schérie apparurent enfin et il se crut sauvé.

Il ne s'était pas aperçu que Poséidon, rentrant d'un séjour en Afrique, venait de survoler son radeau. Le dieu de la Mer était furieux. Que faisait Ulysse en liberté alors qu'il le poursuivait de sa haine depuis tant d'années ? C'était sûrement les autres dieux, sur l'Olympe, qui avaient profité de son absence pour intervenir, lui faire quitter sa prison dorée chez Calypso ! Pallas-Athéna sans doute... Elle avait toujours protégé Ulysse, et, comme elle était la fille de Zeus, chaque fois qu'elle demandait quelque chose à son père, il ne savait le lui refuser.

Au cours d'une escale en Sicile avec douze de ses compagnons, Ulysse avait été confronté à un cyclope, le propre fils de Poséidon, le géant Polyphème. Ce dernier, au lieu de lui offrir l'hospitalité, avait dévoré six de ses hommes ! Ulysse, contraint de se défendre, avait grièvement blessé le cyclope, crevant son œil unique avec un pieu chauffé dans le feu. Depuis, le dieu de la Mer n'avait pas oublié cet affront et ne pensait plus qu'à venger son fils.

— Tu ne vas pas t'en tirer comme cela ! décida Poséidon en regardant l'embarcation d'Ulysse.

Il convoqua Borée, le vent du nord, et Zéphyr, celui du nord-ouest. Puis Euros et Notos, les vents de l'est et du sud. Furieux d'être mis ensemble, les quatre s'affrontèrent, déclenchant une tempête épouvantable. Poséidon brandit alors son trident en ricanant de joie. En un instant le radeau fut mis en pièces et le pauvre Ulysse projeté au milieu de vagues gigantesques.

J'aurais bien mieux fait de mourir à Troie ! *pensait le naufragé en se raccrochant à un débris de planche.*

C'est alors que Leucothéa, la déesse des Eaux calmes, l'aperçut. Désireuse de lui venir en aide, elle se changea en mouette et se posa à ses côtés :

— Vite ! Ôte tes vêtements et noue ce tissu autour de toi, lui ordonna-t-elle, tu pourras ainsi atteindre la rive.

Encore terrorisé, Ulysse ne chercha pas à comprendre pourquoi un oiseau lui parlait. Il obéit, se mit à nager plus sereinement. Il mit cependant deux jours et deux nuits avant d'atteindre la terre de Phéacie, entourée de falaises, et du temps encore avant de trouver un endroit pour accoster. Enfin, il découvrit l'embouchure d'une rivière et la remonta jusqu'à rencontrer une berge. Blessé, affamé, il n'eut alors que la force de sortir de l'eau, se jeta dans un bosquet d'oliviers et s'endormit, épuisé.

NAUSICAA
SI SAGE
PRINCESSE

Nausicaa, si sage princesse, d'après *L'Odyssée* d'Homère

Quel curieux rêve ! pensa Nausicaa en ouvrant les yeux ce matin-là. La jeune fille repoussa ses draps, et, esquissant un sourire ravi devant les premiers rayons du soleil inondant sa chambre, quitta prestement sa couche.

Eh bien pourquoi pas ? songea-t-elle. *Pourquoi ne pas accomplir ce que mon amie m'a suggéré dans mon sommeil et aller à la rivière laver mes robes ? Bientôt sera choisi celui que je devrai épouser et tout doit être prêt... Je vais tout de suite en demander l'autorisation à Père !*

Légère et vive, la fille du roi et de la reine de Phéacie s'élança à travers les couloirs du merveilleux palais, dont les portes d'or encadrées d'argent fin étaient gardées par des chiens sculptés dans le même métal. Elle trouva sa mère, la gracieuse et bonne Arété, déjà installée à filer la laine avec ses chambrières, tandis que son père s'apprêtait à rejoindre le conseil. Après les avoir salués, elle leur exprima son désir de descendre auprès du fleuve afin de s'occuper de son linge.

— Ce n'est pas moi qui vais refuser que tu accomplisses cette tache somme toute nécessaire ! sourit le roi Alcinoos. Je vais donner des ordres pour que l'on te prépare le chariot et les mules. Passe une bonne journée ma fille !

— Quant à moi, déclara la reine, je vais faire remplir de vivres un panier ainsi qu'une outre de vin aux cuisines. Je te ferai porter cela dès que tu seras prête.

Et, en effet, lorsque Nausicaa s'assit dans la charrette richement ornée autour de laquelle s'éparpillaient ses servantes, sa mère lui apporta non seulement une quantité appréciable de bonne nourriture mais lui tendit aussi une somptueuse fiole d'or.

— Il fait si beau encore, lui dit-elle, je suis sûre que vous allez vous baigner. Alors, n'oublie pas de te frotter ensuite la peau avec cette huile parfumée !

Les moments qui suivirent furent très gais, comme à l'habitude. Aux côtés du chariot descendant paisiblement les sentiers menant au fleuve, les femmes marchaient en bavardant. Puis, en atteignant les rives, elles s'emparèrent du linge pour le déposer tour à tour dans des trous d'eau où elles le foulaient longuement au pied afin de le laver. Nausicaa, comme les autres, travaillait avec ardeur à blanchir ses robes, aidant ensuite à les étendre au soleil, sur les galets polis.

Leur tâche terminée, les jeunes filles prirent un bain, s'éclaboussant dans une ambiance de fête, puis s'installèrent à l'ombre d'un olivier pour déjeuner tranquillement.

L'après-midi, Nausicaa proposa un jeu de ballon. La joyeuse assemblée s'éparpilla dans un pré, et l'on n'entendit plus que des rires, qui s'accentuèrent lorsque la fille du roi fit échouer la balle dans un creux de la rivière. Mais cette cacophonie s'interrompit soudain pour faire place à des cris d'effroi.

En un instant, Nausicaa vit les servantes affolées s'enfuir dans toutes les directions. Très étonnée, elle se retourna afin de découvrir la cause de leur frayeur, persuadée d'être au moins en présence d'une bête sauvage. Mais ce n'était pas un lion qui avait émergé d'un bosquet, simplement un homme hirsute et presque nu.

— Par Zeus ! souffla Nausicaa, découvrant l'individu dont le sel et les algues avaient emmêlé la chevelure, et dont des zones entières du corps apparaissaient tuméfiées. Elle comprit tout de suite que ces traces étaient dues à des chocs répétés sur les rochers : elle avait affaire à un naufragé dont les intentions n'étaient pas mauvaises. D'ailleurs l'homme cherchait déjà à l'apaiser :

— Reine, ou déesse peut-être, je ne sais, prends pitié ! déclara-t-il. C'est toi la première que je rencontre après tant de malheurs ! Indique-moi le bourg, et donne-moi un haillon à mettre sur mon dos... Je ne connais que toi parmi les habitants de cette terre !

Le cœur de Nausicaa s'emplit d'une grande pitié.

— Ne crains rien étranger, répondit-elle avec calme, tu ne manqueras pas d'habits chez les Phéaciens, chez qui tu te trouves à présent.

Puis, elle se tourna et interpella ses suivantes, mi-rieuse, mi-fâchée :

— Auriez-vous donc peur d'un homme mes filles ? D'un pauvre naufragé ? Préparez-lui de quoi se laver, de l'huile pour s'enduire après le bain, ainsi que de quoi se vêtir correctement. Puis laissez-le un moment près de la rivière !

Lorsqu'il apparut à nouveau devant elle, Nausicaa faillit ne pas le reconnaître. Le misérable hère était transformé. Les cheveux propres, brillants et bouclés, vêtu d'une tunique, il lui sembla à présent grand et fort, et elle se sentit charmée. Faisant signe à ses servantes d'apporter de quoi manger, elle resta à le contempler rêveusement tandis qu'il se restaurait.

Comme je serais heureuse d'avoir un tel homme pour époux, pensait-elle. Puis, soupirant : *Par malheur, il n'est pas d'ici et voudra certainement repartir... Tâchons alors de lui faire passer les heures les plus douces possibles !*

Elle le conduisit jusqu'au pied de la ville, puis, pour ne pas être vue des habitants en sa présence – une fille de roi avec un inconnu cela ne se faisait pas –, elle lui expliqua comment rejoindre le palais et demander audience à Arété et Alcinoos. Ensuite, un peu plus troublée qu'elle ne l'aurait voulu, elle regagna elle-même sa magnifique demeure, à présent éclairée par le soleil couchant.

— Va rejoindre mes parents et vois comment ils accueillent cet étranger à la si fière allure, ordonna-t-elle à une de ses servantes. Puis reviens tout me raconter.

La nuit était tombée sur l'île de Schérie lorsque la chambrière revint auprès de Nausicaa. Celle-ci, occupée à sa toilette, faisait brosser sa chevelure dorée par le soleil.

— Ce naufragé a fait grande impression à la cour. Le roi et la reine se sont montrés particulièrement bienveillants, lui rapporta-t-elle. Votre père a même prononcé une phrase surprenante envers une personne inconnue de lui.

— Ah bon ? Laquelle ? demanda Nausicaa avec curiosité.

— « Tu me plais, étranger, et j'aimerais qu'un jour tu deviennes mon gendre... Mais ce n'est pas possible puisque tu rêves de rentrer chez toi. »

— Père a dit cela ? s'exclama la fille du roi surprise.

— Les mêmes mots exactement, en tenant serrée dans la sienne la main de cet homme. Et il a ajouté que demain même serait donné un banquet en son honneur, puis que les marins du palais le reconduiraient vers sa terre natale !

— Ainsi il va déjà repartir, murmura Nausicaa mélancolique.

— C'est son vœu le plus cher, ma maîtresse... Vous êtes très jeune encore. Un autre saura faire battre votre cœur !

Lorsque Nausicaa se rendit le lendemain dans la salle du banquet aux murs tendus de cuivre, des dizaines de personnalités d'importance entouraient l'invité du couple royal. Alcinoos avait-il deviné que ce naufragé aux allures de roi était digne d'un tel public ?

Dès les premiers mots qu'il prononça devant la foule, leur hôte leur dit son nom qui était Ulysse. Oui, c'était lui, cet Ulysse qui avait fait construire le cheval de bois destiné à entrer dans Troie, lui le roi d'Ithaque, quittée presque vingt années auparavant, lui le fils de Laërte, le mari de Pénélope et le père de Télémaque ! Et en disant cela les larmes lui coulaient des yeux. Nausicaa serra les lèvres et une vague de tristesse l'envahit : Pénélope ! Avec quel accent nostalgique Ulysse avait prononcé ce prénom !

Dans l'assemblée respectueuse, le silence s'était installé afin d'écouter toutes les aventures du roi d'Ithaque depuis la fin de la guerre livrée aux Troyens.

Ce fut d'abord l'abordage au pays des Lotophages, un peuple amical offrant à ses invités un plat à base de fleurs de lotus destiné à faire tout oublier à ceux qui le dégustaient. S'en apercevant à temps, Ulysse parvint à éloigner de force quelques-uns de ses compagnons en les enchaînant dans le navire.

Puis ce fut l'arrivée dans l'île des Cyclopes, géants paresseux et cruels dont le chef Polyphème commença par dévorer six des amis du roi d'Ithaque, avant que ce dernier ne lui crève un œil et prenne la fuite. S'ensuivit l'escale chez les Lestrygeons, géants également, qui tourna également au drame, avec des hommes embrochés sur des harpons et onze vaisseaux brisés...

Chacun, autour de la table du roi Alcinoos, écoutait ce récit les yeux écarquillés et en frissonnant. Nausicaa et Arété ne pouvaient plus rien avaler.

Presque penaud, Ulysse décrivit ensuite comment, en abordant une terre nouvelle, épuisés et terrorisés, ses compagnons et lui restèrent longtemps incapables d'aller voir qui y vivait. Lorsqu'ils en eurent la force, ce fut pour découvrir le repère de la magicienne Circé, qui transformait les hommes en animaux ! Heureusement Hermès intervint, donnant au roi d'Ithaque le moyen de se protéger et de délivrer ceux de son équipage qui avaient pris l'apparence de pourceaux... Tous passèrent même dans cette île une année agréable, soignés par Circé et par des nymphes des bois et des rivières...

Sur les conseils de la magicienne, Ulysse entreprit un voyage aux Enfers afin d'interroger sur son avenir le devin Tirésias. Ce dernier lui ayant assuré qu'il pouvait retrouver sa chère patrie, Ulysse et ses hommes reprirent la mer... Après avoir bouché les oreilles de ses compagnons avec de la cire d'abeilles, et s'être fait solidement ligoter au mât, Ulysse échappa au piège mortel que sont les chants des Sirènes. Il affronta alors deux écueils effroyables, l'un sous forme d'une chienne féroce nommée Scylla, l'autre d'un monstre marin du nom de Charybde, où plusieurs marins laissèrent leur vie.

Enfin, après une désobéissance de ses hommes qui mangèrent des vaches sacrées et que les dieux firent périr, Ulysse se retrouva seul sur l'océan, accroché à un bout de bois. Il dériva longtemps puis s'échoua sur l'île d'Ogygie, où Calypso le retint sept ans. Libéré, et victime d'un nouveau naufrage, il se retrouva en Phéacie.

L'assemblée était très émue lorsqu'Ulysse termina son récit et un long silence s'ensuivit, rompu par Alcinoos :

— Combien durs ont été tes tourments Ulysse ! Mais à présent tout cela est terminé et tu vas pouvoir enfin rentrer chez toi, tu peux en être sûr !

Le roi d'Ithaque lui lança un regard chargé de reconnaissance.

— Comment trouver les mots pour vous remercier ? Vous accomplissez mes vœux les plus chers... Que les dieux vous donnent tout le bonheur que vous méritez et qu'à jamais le malheur épargne votre peuple !

Mais déjà le roi des Phéaciens, refusant de s'attendrir davantage, faisait apporter de somptueux cadeaux que l'on plaça dans un magnifique coffre offert par la reine. Nausicaa s'approcha d'Ulysse. Une ombre triste voilait ses beaux yeux :

— Je viens vous faire mes adieux puisque vous partez, murmura-t-elle. Je vous souhaite un excellent voyage. Puissiez-vous ne pas oublier celle qui vous a accueilli sur cette terre.

En disant ses derniers mots, sa voix tremblait un peu. Ulysse lui prit la main :

— Jamais je n'oublierai la belle et douce jeune fille que tu es Nausicaa, et pas un jour ne s'écoulera sans que je ne pense à toi, car tu m'as sauvé la vie. Que les dieux veillent sur toi et te rendent heureuse...

Ce furent les derniers mots qu'ils échangèrent. Après cela, Ulysse monta sur le bateau en partance pour Ithaque, où cinquante-deux des meilleurs rameurs du royaume étaient réunis. Tout avait été prévu afin qu'il n'eût qu'à dormir paisiblement jusqu'à son arrivée. Le peuple de Phéacie voulait qu'il oublie tous ses maux passés et qu'il débarque en bonne santé.

Le cœur un peu chagrin, Nausicaa regarda la fière tête blonde d'Ulysse disparaître dans le navire. *Quelle chance elle a cette Pénélope !* songea-t-elle... Mais la jeune fille n'était pas jalouse. Naturellement soumise et obéissante, elle savait que bientôt le jour viendrait où son père lui choisirait un époux dont le cœur ne serait pas pris...

PATIENTE ET DIGNE
PÉNÉLOPE

Patiente et digne Pénélope, d'après *L'Odyssée* d'Homère

Ce matin-là, Pénélope se sentait très lasse et elle dut faire un effort considérable pour se lever. Seul le sommeil lui apportait véritablement la paix, avec l'oubli des tourments qui l'obsédaient. Elle s'y enfonçait avec délice et n'en sortait qu'à regret, considérant chaque nouvelle journée comme une épreuve. Euryclée, la vieille nourrice du palais, s'en inquiétait :

— Tous ces prétendants qui s'incrustent et attendent de vous une décision vous font perdre votre santé ! maugréait-elle. Ah ! Si mon pauvre Ulysse était là, rien de semblable ne se passerait...

Elle n'avait jamais eu d'enfant et toute son affection s'était portée sur le fils du roi d'Ithaque, qu'elle avait élevé comme le sien. Elle gardait pour l'adulte, puis le souverain qu'Ulysse était devenu, un attachement si fort qu'il s'étendait naturellement à son épouse Pénélope et à leur fils Télémaque.

— Ils ne patienteront pas longtemps encore, murmura la femme d'Ulysse. Depuis qu'ils ont découvert la ruse que j'ai utilisée contre eux durant trois années, ils sont furieux.

— Il faut dire que c'était bien trouvé, déclara la nourrice en ébauchant un sourire. Quel fameux tour nous leur avons joué !

Un instant, le lourd fardeau qui pesait sur le cœur de Pénélope s'allégea. Oui, elle s'était montrée rusée et ne pouvait que s'en féliciter. Lorsque, à la fin des dix années qu'avait duré le siège de Troie, Ulysse n'était pas rentré à Ithaque, l'idée qu'il pouvait être mort avait germé dans l'esprit de certains. Pénélope avait vu arriver au palais un grand nombre d'hommes désireux de la séduire ou, mieux encore, de l'épouser. Mais la jeune femme aimait encore son mari après toutes ces années d'absence et, ne voulant pas croire à son décès, refusait de se remarier.

Cependant, seule avec le vieux Laërte, dont l'épouse était morte de chagrin, et avec un jeune garçon qui grandissait sans père, sa situation était bien précaire... C'est alors qu'elle avait imaginé un mensonge destiné à lui faire gagner du temps. Convoquant la foule des soupirants, elle leur avait promis qu'elle choisirait de s'unir à l'un d'entre eux dès qu'elle aurait terminé un travail qui lui tenait à cœur : le tissage du linceul [1] destiné à son beau-père.

Sa déclaration avait été saluée avec respect. Cette grande et jolie femme possédait décidément toutes les qualités ! Voilà qu'elle remplissait ses devoirs envers sa famille avant de songer à son propre plaisir. Et chacun de patienter, en souhaitant être l'heureux élu lorsque le tissage serait fini.

En réalité Pénélope ne cherchait qu'à repousser toute décision, espérant toujours voir revenir Ulysse. Aussi défaisait-elle la nuit tout ce qu'elle avait tissé le jour devant le nez même de ses courtisans. Comme ils regardaient plus souvent la jolie figure de la reine d'Ithaque que l'avancée de son tissage, ils ne remarquèrent rien pendant longtemps. Ce fut la trahison d'une des servantes du palais qui leur dévoila le subterfuge de Pénélope, alors que quatre années s'étaient déjà écoulées...

— Je me suis moquée d'eux, leur colère est telle à présent qu'ils sont prêts à saccager cette demeure, déclara tristement la jeune femme. Ils profitent de tout ce que nous possédons de nourriture et de vin, et ils abusent de mes serviteurs ! Je devrais me résoudre à faire un choix, mais c'est un crève-cœur

1. Pièce de toile dans laquelle on ensevelit un mort.

pour moi. Comment imaginer une seule seconde épouser l'un de ces infâmes profiteurs ?

Elle ne put s'empêcher de verser des larmes, qui bouleversèrent la vieille Euryclée.

— Allons ma reine, il ne faut pas vous laisser aller ! Il doit bien y avoir un moyen de repousser ce mariage de quelques semaines. D'ici là Télémaque sera peut-être de retour, nous apportant des nouvelles d'Ulysse.

Pénélope essuya ses joues brûlantes. Euryclée avait raison : il leur restait l'espoir de voir revenir son fils, parti à Sparte quérir des informations sur son père auprès du roi Ménélas et de son épouse Hélène, cousine de Pénélope. En attendant, pourquoi n'organiserait-elle pas un jeu, une épreuve destinée à départager ses prétendants, mais suffisamment difficile pour qu'aucun gagnant ne soit désigné dans l'immédiat ?

Tout en réfléchissant, elle peignait ses longs cheveux. La matinée était déjà bien avancée et des rires et des cris lui parvenaient de la grande salle du palais. Encore des beuveries sans doute ! Toute cette troupe de seigneurs qui ne pensaient qu'à s'attabler et à se gaver lui faisait horreur. Combien de temps encore trouverait-elle le courage de les affronter ?

L'air terriblement excité, une jeune esclave pénétra dans la chambre. C'était une des favorites de la reine, une des rares en qui elle avait encore confiance. Sans même attendre que Pénélope ne l'interroge, elle chuchota :

— Télémaque est de retour, il vient d'arriver et s'est mis à table avec les prétendants. Un mendiant âgé et en haillons l'accompagnait...

— En es-tu sûre ? s'exclama la reine d'Ithaque.

— Je viens de les voir à l'instant. J'ai même assisté à une scène étrange : alors que le pauvre vieillard faisait le tour de la table pour demander l'aumône, il a été injurié par un des seigneurs. Mais au lieu de s'en aller, il lui a fait face et l'a menacé en disant : « Tu peux trembler, Antinoos, car ta mort viendra avant qu'un mariage ne se déroule dans ce palais ! »

— Comment pouvait-il connaître son nom ? s'étonna Pénélope.

— Je ne sais pas, mais j'ai remarqué que Télémaque ne paraissait pas surpris. Ce mendiant prétend qu'il a connu Ulysse...

Le visage de Pénélope pâlit :

— Ulysse... Est-il possible que ce qu'il déclare soit vrai ? Qu'il ait vu mon époux ? J'aimerais parler à cet homme.

Il lui fallut pour cela patienter jusque tard dans la soirée car il n'était pas prudent d'envoyer un inconnu chez la reine tant que les seigneurs étaient présents. Pénélope resta à attendre dans ses appartements, perdue dans ses pensées. Comme il lui semblait loin le temps heureux de sa rencontre avec son cher époux ! Il s'en était fallu de peu, d'ailleurs, qu'ils ne puissent se connaître et s'apprécier, car le jeune homme avait d'abord été l'un des prétendants de sa cousine Hélène. Cette dernière ayant jeté son dévolu sur Ménélas, Ulysse s'était trouvé libre de découvrir la fille d'Icarios et il avait remporté les jeux organisés par son père afin d'obtenir sa main. Même après toutes ces années, la reine éprouvait encore du chagrin en évoquant la scène pénible qui s'était déroulée le jour de leur départ pour Ithaque : Icarios, voulant à tout prix garder le couple sur ses terres, s'était mis à courir aux côtés du char en suppliant sa fille. La jeune épousée avait alors recouvert son visage d'un pan de son manteau, signifiant sa décision définitive de vivre avec Ulysse...

L'accueil chaleureux de Laërte et d'Antikléia lui avait fait oublier vite cet incident douloureux. Le roi d'Ithaque avait confié le trône à Ulysse, puis un bel enfant était né. Rien ne semblait devoir assombrir le bonheur du jeune couple avant que n'éclate le scandale du rapt d'Hélène et ne survienne la coalition des princes grecs en vue du siège de Troie.

Ulysse avait bien essayé de se soustraire à leur enrôlement, feignant même d'être devenu idiot, mais sa supercherie avait été démasquée et il avait dû s'embarquer aux côtés de Ménélas, d'Agamemnon et de tant d'autres...

Pénélope avait fait face à la charge de travail et de soucis émanant du palais, puis soutenu Laërte, devenu veuf. Elle avait élevé Télémaque avec courage. Mais maintenant, presque vingt années après le départ d'Ulysse, le désespoir s'insinuait de plus en plus souvent dans son cœur.

— Ma reine ?

Pénélope tressaillit, tirée de sa rêverie par le retour de sa petite servante.

— Voilà le mendiant prêt à vous parler, dois-je le faire entrer ?

— Oui, bien sûr, souffla la reine d'Ithaque.

Elle était émue à l'idée de partager avec un inconnu le souvenir de son mari et accueillit l'homme avec bonté.

— D'où viens-tu, étranger ? lui demanda-t-elle la voix tremblante. Tu dis avoir rencontré mon époux ? Peux-tu m'en parler ?

— Je viens de Crète, déclara le mendiant. C'est là que j'ai vu Ulysse, il y a des années. Il se rendait à Troie mais avait essuyé une tempête. Il est resté chez moi douze jours, en attendant que les vents soient favorables...

À l'évocation d'Ulysse, Pénélope ne put empêcher ses larmes de couler. Elle parla alors de sa situation précaire face à une troupe de princes sans scrupule, de son désarroi croissant, puis sembla soudain lasse.

— Tu dois être fatigué, étranger, et il doit te tarder de te reposer. Avant que tu ne me quittes, je voudrais cependant une preuve de ta rencontre avec mon mari, poursuivit-elle. Tant d'autres m'ont menti, ne cherchant qu'à profiter des bienfaits du palais...

Le mendiant sembla réfléchir un instant puis déclara doucement :

— Il me semble... Oui, il me semble que ton époux portait une cape écarlate agrafée par un bijou en or. Je me souviens que sur ce bijou figuraient un faon et un chien, affirma-t-il.

À ces mots les sanglots de Pénélope reprirent :

— Tu dis vrai... Ce manteau, cette broche sont les cadeaux que j'avais offerts à Ulysse lors de son départ pour Troie !

Elle se tordait les mains, le visage inondé de pleurs :

— Pourquoi les dieux de l'Olympe m'ont-ils punie ainsi ? J'aurais tant aimé revoir mon époux...

Son chagrin faisait peine à voir. Si la petite servante, sensible, hoquetait dans un coin, l'homme, l'air défait, semblait lui aussi profondément touché. Il se ressaisit pourtant et prit à nouveau la parole :

— Ulysse reviendra, belle reine, sois tranquille. Il a survécu à tous ses compagnons et à tous les dangers. Il sera là bientôt...

— Merci de tes paroles, noble étranger, murmura Pénélope. Même si je ne crois pas au bonheur que tu me prédis, je te sais gré de ton aide. À présent je vais demander à ma chère Euryclée de te donner un bain et de te montrer ta chambre.

Lorsque Pénélope s'éveilla le lendemain matin, Euryclée lui parut transformée. La nourrice avait retrouvé une énergie qu'on ne lui avait pas vue depuis de nombreuses années. Elle donnait des ordres aux servantes avec un air de gaieté inexplicable. Cependant la reine d'Ithaque, absorbée par une idée nouvelle, n'y prêta guère attention et déclara :

— Le sommeil m'a porté conseil. J'ai décidé de proposer aux prétendants un jeu d'adresse qu'Ulysse aimait. Il s'agit de faire passer une flèche dans les trous de douze haches alignées. Si, comme lui, quelqu'un est capable d'accomplir cet exploit, alors il sera mon nouvel époux et je le suivrai.

— Bonne idée, approuva Euryclée d'un air joyeux, il est grand temps que les choses s'éclaircissent.

Pénélope fit donc chercher toutes les fournitures nécessaires. Plus tard, elle apparut dans la grande salle du palais. Là, devant Télémaque et le mendiant toujours à ses côtés, elle informa les prétendants de l'épreuve qui les attendait. Puis, très déprimée, elle retourna s'allonger dans sa chambre.

La nuit était tombée depuis longtemps et Pénélope plongée dans un profond sommeil lorsque Euryclée vint la secouer :

— Levez-vous, Pénélope, et préparez-vous ! Ulysse est en bas, il vous attend !

— Es-tu devenue folle ? s'exclama la jeune femme. Me réveiller pour me raconter de pareilles sottises !

— L'étranger qui accompagne Télémaque est ton mari, le roi d'Ithaque, affirma la nourrice. Je l'ai reconnu hier soir en lui baignant les jambes, à la cicatrice laissée par une blessure d'enfant que j'avais moi-même soignée

— Comment peux-tu être aussi crédule Euryclée ? D'autres qu'Ulysse portent dans leur chair la marque de coups reçus...

— Non. L'endroit est exactement le même, ainsi que l'aspect, assura Euryclée. Cette plaie avait été faite par un sanglier.

— Je reconnaîtrais Ulysse s'il se présentait, s'obstina Pénélope, et l'homme que j'ai vu hier ne lui ressemble pas !

— Pensez-vous que les dieux qui, de toute évidence, le protègent, l'auraient laissé pénétrer dans ce palais sous son apparence habituelle ? maugréa la nourrice. Ne me croyez pas si vous voulez mais, en attendant, il se trouve que lui seul a été capable d'ajuster l'arc de votre époux et d'envoyer la flèche à travers les trous des douze haches !

Pénélope eut un rictus de surprise :

— Ce mendiant est donc celui qui deviendra mon époux...

Euryclée ricana :

— Ce mendiant est Ulysse. Et Télémaque le savait en l'amenant dans cette demeure. À eux deux ils ont décimé toute la bande de prétendants qui dilapidait notre royaume. Tous sont morts, Antinoos le premier : il a reçu une flèche dans la gorge !

Très pâle, Pénélope n'arrivait pas à prononcer un seul mot. Elle ne pouvait refuser plus longtemps de descendre dans la grande salle afin de rencontrer à nouveau celui que tous disaient être Ulysse. Silencieuse, elle s'assit face à lui. Sur son visage désemparé se lisaient les doutes qui l'assaillaient. Par instants il lui semblait reconnaître quelques traits de son époux, mais à d'autres elle ne voyait que ses haillons.

Ulcéré, Télémaque s'emporta :

— Les années ont durci votre cœur, mère ! C'est un supplice de vous voir adopter une attitude si cruelle !

— Laisse-moi un peu de temps, mon enfant, dit Pénélope, et n'aie pas peur : si cet homme est bien ton père, je le saurai bientôt, à certaines marques secrètes seulement connues de nous deux...

L'étranger sourit :

— Allons ! Je suis sale et mal habillé. Un bain me fera le plus grand bien après cette bataille...

Il revint transformé. Il avait retrouvé la silhouette et l'allure qui étaient les siennes en débarquant sur l'île d'Ithaque. Pénélope en fut si stupéfaite qu'elle resta figée de surprise, et aucune joie ne vint égayer son visage.

Ulysse se méprit et déclara, vexé :

— En débarquant sur mes terres après plus de vingt longues années d'absence, déguisé en mendiant, mon fidèle chien Argos me reconnaît sans hésiter, mais ma propre femme, elle, refuse encore de le faire ! Euryclée, installe-moi un lit, que j'aille dormir tout seul...

D'un mouvement vif, Pénélope se leva :

— Non Ulysse, non ! Je sais que tu es le roi d'Ithaque.

Puis, se tournant vers Euryclée :

— Va dans notre chambre et essaye de rebâtir le lit que mon époux avait fait...

Un cri interrompit sa phrase :

— Comment quelqu'un a-t-il pu déplacer notre lit ? rugit Ulysse. La façon dont il était monté était un secret connu de moi seul : le socle en était un pied d'olivier qu'il est impossible de bouger, à moins de l'arracher...

Il aurait pu continuer ses explications mais déjà Pénélope était dans ses bras, pleurant de joie. Oui, c'était bien son Ulysse ainsi serré contre elle, il venait d'en donner la preuve, une preuve que lui seul connaissait. Le roi d'Ithaque comprit alors que cette histoire de lit était un piège tendu par sa femme, mais il ne put lui en vouloir.

— Ma reine, soufflait-il en laissant les larmes couler sur son visage. Ma Pénélope ! Je finissais par croire que jamais le jour heureux de nos retrouvailles n'arriverait...

— Viens, mon Ulysse, répondit-elle en l'entraînant, viens voir notre chambre, dans laquelle j'ai trop longtemps pleuré. Viens t'allonger sur ce lit construit jadis avec amour. Nous avons beaucoup de bonheur à rattraper...

Pénélope ne profita pas longtemps de la présence de son cher Ulysse. Car le roi d'Ithaque repartit à l'aventure et mourut loin de son pays...

MÉDÉE
REDOUTABLE
MAGICIENNE

Médée, redoutable magicienne, d'après Euripide*

C'était il y a très longtemps, dans un palais de Corinthe, en Grèce. Une femme encore jeune et belle arpentait sa chambre d'un pas rageur. Échevelée, les yeux brillants parcourus d'éclairs, les mains tremblantes, elle allait et venait, agitée de gestes brusques... Seule la courbe de sa bouche, dans une moue enfantine, adoucissait un peu son air farouche, et offrait à son visage une petite touche de tristesse, donc d'humanité.

Cette femme s'appelait Médée.

— Ce n'est pas possible ! vociférait-elle, que serait-il devenu sans moi, cet homme ingrat à qui j'ai tout sacrifié ? Celui pour qui j'ai trahi mon père, tué mon frère, quitté ma patrie ? Celui à qui, par amour, j'ai donné deux fils ?

Sa voix, grave d'abord, était devenue aiguë. Le corps raidi, tendu comme un arc, elle hurlait :

— Pourquoi en préfère-t-il à présent une autre ? Parce qu'elle est fille de roi ? Ne le suis-je pas moi aussi ? Ah, Jason*, mon époux, maudit sois-tu !

Un court instant, ses épaules s'affaissèrent. Un torrent de larmes se mit à couler sur ses joues :

— Celui qui était tout pour moi est devenu le pire des hommes ! À cause de lui, j'ai perdu le goût de la vie et je désire mourir...

Puis, s'emportant à nouveau :

— Que je trouve le moyen de le châtier pour tous les maux qu'il me fait endurer ! rugit-elle. Je me vengerai de cet affront, Jason souffrira autant que je souffre !

Dans un recoin de la pièce, repliée sur elle-même, une femme âgée écoutait. C'était la nourrice de Médée, celle qui l'avait élevée, une des dernières à l'aimer encore, malgré ses excès, son caractère versatile, la folie qui menaçait son esprit. Il y a bien des années qu'elle l'avait vu naître et, dès ce jour, elle n'avait cessé de trembler pour elle. Car Médée avait vu le jour sous d'étranges auspices...

Elle était la fille d'Hécate, déesse de la Nuit : une magicienne aux grands pouvoirs, qui avait longtemps vécu seule dans le désert, chassant l'homme et le tuant, récoltant les herbes, fabriquant des poisons. *Pourquoi était-elle venue en Colchide* [1]

1. Actuelle Géorgie.

s'unir à Aiétès, un des fils du Soleil ? s'était toujours demandé la nourrice. *Était-ce la volonté des dieux ? Une de leurs expériences, ou, pire encore, un de leurs jeux ?*

Médée était née de cette alliance entre l'Ombre et la Lumière, la Clarté et les Ténèbres. Très vite elle avait montré le même orgueil démesuré que son grand-père Hélios, mais, comme lui aussi, la même vitalité et la même joie. Très tôt elle avait fait preuve de l'humeur ombrageuse et tourmentée de sa mère et prouvé qu'elle maîtrisait comme elle la science des plantes, reconnaissant celles qui guérissent ou celles qui empoisonnent.

Ce fut d'abord pour aider un jeune homme à peine plus âgé qu'elle que Médée avait utilisé son pouvoir de vie ou de mort. Un garçon débarqué du navire Argo* dans un but très précis et dont la fille du roi, dès le premier regard, était tombée éperdument amoureuse.

Il s'appelait Jason. Son père, jadis roi d'Iolcos, en Thessalie, avait été chassé de son trône par Pélias, un usurpateur. Jason avait été élevé par le centaure Chiron. Lorsqu'il eut atteint l'âge adulte, il s'était présenté devant Pélias, lui réclamant la place royale qui lui revenait.

— Hum..., avait dit le roi, je suis prêt à accepter à une condition : que tu me rapportes la Toison d'or*...

Sans plus attendre le jeune homme était parti pour la lointaine contrée de Colchide, accompagné de ses compagnons les Argonautes. Comme beaucoup de jeunes gens, il se croyait fort et invincible. Toutefois, le roi Aiétès, qui ne voulait pas se séparer de sa précieuse relique, lui fit accomplir de terribles épreuves : mettre le joug à deux taureaux dont les naseaux soufflaient le feu, semer les dents d'un dragon pour voir se lever une armée d'hommes en armure prêts à le tuer... Bref, sans l'intervention de Médée et de sa magie, non seulement Jason n'aurait pas mis la main sur la Toison d'or, mais il n'aurait pas survécu.

La nourrice soupira. Comme ce temps était loin ! Elle se revit sur le navire Argo prenant prestement la fuite. Jason avait emmené Médée, ses servantes et son jeune frère Apsyrtos... Qui sait si, face aux hommes armés de son père, elle n'aurait pas besoin de ce dernier ?

La nourrice tressaillit. Des coups se faisaient entendre à la porte, puis une voix masculine, demandant à entrer. Médée ouvrit la porte au roi Créon :

— Que vient m'annoncer le souverain de Corinthe que je ne sache pas ? ricana-t-elle en le voyant.

— Que tu vas quitter ce lieu avec tes deux enfants, et cela sans tarder ! répondit Créon sans se préoccuper de la présence de la vieille femme. Je t'exile, tu ne peux rester plus longtemps sur mes terres...

— Pourquoi ? cria Médée changeant soudain de ton et affichant un air accablé, qu'ai-je fait ?

— Tu me demandes pourquoi ? Alors que tu fais courir le bruit que tu veux te venger du remariage de ton époux ? déclara le roi d'une voix dure. Mais parce que j'ai peur de toi et du mal que tu pourrais faire à ma chère fille. Tu souffres de l'abandon de Jason et tu es une experte en maléfices...

— Hélas, dit doucement Médée, ma science me rend odieuse pour les uns, inquiétante pour les autres. Comment peux-tu croire que je veuille te faire du mal, Créon ? Tu n'as rien à craindre de moi, c'est mon époux que je hais !

La nourrice trembla : que Créon cède et c'en était fini de lui ! Aucune pitié ne pénétrait le cœur de Médée dès lors qu'elle avait un but. Le roi de Corinthe avait bien raison d'avoir peur. Avant lui le roi de Colchide avait lui aussi fait l'expérience de la terreur. Sa fille Médée n'avait-elle pas tué et découpé en morceaux son jeune frère, simplement pour ralentir le navire de son père qui les poursuivait ? La nourrice se souvint de son épouvante en découvrant les membres d'Apsyrtos jetés à la mer, en entendant le rire fou de Médée, en imaginant le désespoir d'Aiétès stoppant son bateau pour ramasser et pleurer les restes de son fils. Pour la première fois, ce jour-là, elle avait haï Médée...

— Allons, poursuivait Créon la voix cependant moins sûre, ne m'abreuve pas de mots inutiles et va-t'en ! Ma décision est prise.

Médée cependant ne lâchait pas prise. Elle s'agenouilla, se fit suppliante :

— Laisse-moi un seul jour réfléchir au lieu de notre exil, trouver des ressources pour mes enfants. Toi aussi tu as des enfants, montre-toi bienveillant...

Un silence se fit, que la nourrice trouva interminable, puis le roi de Corinthe se laissa fléchir :

— Je vois bien que je commets une erreur, marmonna-t-il, mais je ne suis pas un tyran. Je t'accorde cette grâce : reste un seul jour. Ce n'est pas en si peu de temps que tu pourras accomplir tes forfaits...

Et, sans une parole de plus, il quitta la pièce. Médée se tourna vers sa nourrice en laissant échapper un rire strident qui ressemblait à un cri d'effroi :

— Vois quelle est la folie de cet homme ! s'exclama-t-elle.

— Fou ? murmura la nourrice. Moi j'aurais dit bon. Bon envers toi mais, comme d'habitude, tu ne le vois pas...

— Comment oses-tu dire cela ? Bon, alors qu'il a laissé sa fille épouser l'homme que j'aime ? Lui aussi paiera pour le mal qu'il me fait !

— N'as-tu pas assez souffert ? souffla la nourrice. N'as-tu pas assez fait souffrir ceux qui sont autour de toi ?

— Tout ce que j'ai fait, je l'ai fait par amour pour Jason, et tu le sais ! Pour lui, j'ai tout quitté, mon père et mon pays. Je me suis servie de mes noirs talents pour tuer mon frère. Puis il y a eu Pélias, t'en souviens-tu ?

— Hélas oui, un acte aussi odieux est inoubliable, mais cela ne sert à rien de l'évoquer encore.

— Crois-tu que je n'ai jamais souffert de ce qu'il me fallait accomplir ? Même avec la Toison d'or, Pélias ne voulait pas tenir la promesse qu'il avait faite à Jason et lui rendre son trône. Qui d'autre que moi pouvait lui infliger un châtiment ? Il m'a suffi de faire croire à ses filles que j'étais capable de redonner à leur père sa vigueur et sa jeunesse et tout a été facile. J'ai fait bouillir un vieux bélier dans un chaudron d'airain [1], au milieu d'herbes magiques, et je leur ai montré l'agneau nouveau-né qui en surgissait. Aussitôt elles se sont mises à rêver de voir Pélias aussi frais qu'un enfant et se sont jetées sur leur père pour le poignarder.

1. Alliage à base de cuivre, synonyme de bronze.

Médée fit entendre un cri, une sorte de râle, mélange de rire et de larmes :

— Crois-tu qu'accomplir de tels actes ne m'a pas torturée ? Que je n'éprouve aucune pitié ? Infliger à cet homme la mort la plus cruelle qui soit, donnée par la main de ses propres filles, tout cela afin que Jason n'ait plus aucun souci... Je n'ai pas passé un seul jour depuis que j'aime cet homme sans être la proie du tourment. Toujours je n'ai pensé qu'à lui ! À lui offrir tout ce à quoi il aspirait... Et en récompense, quel bonheur m'a-t-il donné ? Alors que nous aurions pu vivre en paix et heureux avec nos deux fils, voilà qu'il épouse cette petite Glauké !

— Tu aurais pu accepter cela avec calme, déclara la nourrice. Personne alors ne t'aurait empêchée de vivre ici. Au lieu de cela, tu as proféré des injures impies contre les souverains de ce pays...

— Parce qu'il aurait fallu que je m'incline ? se révolta Médée. Mais pourquoi serait-ce à moi de faire des sacrifices ? Parce que je suis une femme ? Jamais, tu m'entends, jamais je n'accepterai une si douloureuse offense ! Les choses n'en resteront pas là !

— Qu'as-tu donc l'intention de faire ? s'alarma la nourrice.

— Me venger bien sûr ! Jason m'a blessée, il paiera donc, comme son beau-père Créon. Croit-il, celui-là, que l'on peut impunément humilier la petite fille d'Hélios ? Puisqu'il m'a permis de demeurer un jour encore, ce jour-là verra mes ennemis transformés en cadavres...

La nourrice se tassa un peu plus sur son siège. Effondrée, elle laissait les larmes couler de ses yeux sans les essuyer. Malgré tout, elle s'obstinait encore :

— Et tes garçons, Médée, dit-elle faiblement, y as-tu pensé ?

— Oui, répondit la magicienne, et j'ai une idée à leur sujet : je vais demander à Jason de leur permettre de vivre ici. Ensuite, je les enverrai tous deux offrir des cadeaux à sa femme et la supplier de ne pas les envoyer en exil.

Médée esquissa un pas de danse, elle s'emportait :

— Ah, ah ! chantonna-t-elle, qui ne voudrait pas d'un voile fin et d'une couronne de fils d'or ciselé ?

— Que dis-tu ? coupa la nourrice en se redressant avec emportement, tu veux offrir à Glauké ce que ton grand-père le Soleil t'a laissé en héritage ?

— Aucune femme ne refuse de tels présents, siffla Médée d'un air moqueur, et à quoi me serviraient-ils en exil ? Oh comme je voudrais être là lorsque cette petite dinde se parera de mes vêtements bien chargés de poison ! Quand elle mourra dans la pire des souffrances ainsi que tous ceux qui essayeront de la toucher...

— Non ! hurla la nourrice horrifiée, non ! Tu ne peux faire cela !

— Crois-moi, rien ni personne ne m'en empêchera, cria la magicienne, même si après...

Elle s'interrompit soudain, se tordant les mains, levant vers le ciel des yeux emplis d'épouvante :

— Que veux dire cet « après » ? interrogea avec inquiétude la nourrice.

Médée passa ses mains nerveuses dans ses cheveux défaits, puis se mit à les tirer, comme pour les arracher :

— Après, il me restera une autre action à accomplir, poursuivit-elle hagarde. Les enfants... Je vais tuer mes enfants puis je quitterai cette terre. Jason ne verra plus vivants les fils qu'il a eus de moi...

— Folle ! Tu es folle, gémit la nourrice. Songe au crime que tu vas entreprendre, aucune mère ne peut commettre un tel meurtre !

— Tais-toi, je ne veux rien entendre ! coupa Médée sèchement. Il me faut agir vite maintenant. Va me chercher Jason et les enfants, et ne parle à personne de mes intentions !

À peine son ordre était-il lancé que des coups retentirent à la porte. Surprise, Médée fit mine de se recoiffer, ajusta sa robe puis ouvrit la porte :

— Jason ! Quelle surprise, j'allais te faire chercher, dit-elle en se composant une mine ravie.

— Pourquoi ? demanda Jason d'un ton méfiant. Tu souhaitais m'entretenir ?

— Oui, répondit-elle d'une voix très douce. Voilà... J'ai passé beaucoup de temps seule à réfléchir. Je veux que tu me pardonnes tout ce que je t'ai dit, tout ce que je t'ai fait. Je ne veux plus être un obstacle pour toi et j'accepte cet exil.

— Je suis heureux de voir ta colère apaisée, déclara Jason manifestement soulagé. Je regrette ton départ car il aurait pu être évité. Créon n'aurait jamais pris une telle décision si tu ne l'avais pas insulté et menacé de mort !

— Je ne le sais que trop, soupira la magicienne en baissant humblement les yeux. Pour ta maison je suis une malédiction...

— Allons, ne dis pas cela Médée ! Il est normal qu'une femme s'irrite contre un époux qui la quitte pour en épouser une autre. Si tu veux puiser dans ma fortune de quoi subvenir à tes besoins et à ceux des enfants, dis-le-moi. Je suis prêt à t'aider généreusement.

Médée, le regard toujours à terre, se mit à pleurnicher :

— Ce sont mes enfants qui me font pitié, nos enfants... Pourquoi subiraient-ils le même sort que leur mère alors qu'ils ne sont pour rien dans tout ce qui arrive ? Jason, je t'en supplie, je souhaite qu'ils soient élevés avec toi. Si tu pouvais demander à Créon de ne pas les bannir...

— J'ai tout prévu pour nos fils, ne te fais aucun souci. Dès que leur âge le permettra, ils occuperont le premier rang sur la terre de Corinthe. Cependant, si tu veux me les laisser, je n'y vois pas d'inconvénient, il me faut simplement convaincre mon beau-père.

Médée, changeant brusquement d'humeur, se mit à brasser l'air de ses mains, un sourire de petite fille aux lèvres :

— Comme je suis heureuse de tout ce que tu fais Jason ! Tiens, regarde, vois ce que j'ai préparé pour ta nouvelle épouse : un des plus beaux cadeaux que l'on peut trouver. Ce sont nos enfants qui vont lui porter. Je sais que Glauké est bonne, elle ne refusera pas de parler à son père et nos fils seront sauvés ! Me promets-tu d'accomplir au plus vite ce que je te demande ? Fais-le pour nous, en souvenir de notre amour et de la Toison d'or...

— J'y vais de ce pas, dit Jason. Rien ne me fait plus plaisir que de voir notre désaccord prendre fin...

Deux heures ne s'étaient pas écoulées qu'un serviteur familier de Médée pénétrait chez elle. Il était essoufflé :

— Ô toi qui as accompli un acte épouvantable, lui jeta-t-il, fuis le plus loin possible !

— C'est donc fait ? La princesse est morte ? demanda la magicienne d'un ton joyeux.

— Ainsi c'est donc bien toi qui as tout manigancé ! Comment peux-tu te réjouir, alors que tu ferais mieux de trembler ?

L'homme toisait Médée d'un air incrédule.

— Eh bien raconte donc ! lança-t-elle avec impatience.

— Lorsque tes deux enfants ont pénétré dans le palais, reprit le serviteur d'un ton navré, nous étions heureux, nous autres esclaves, de voir la paix revenue entre toi et Jason. La jeune reine, convaincue par son époux, a accepté les cadeaux que tes fils lui portaient, puis est allée se vêtir. Quand elle est apparue devant nous, elle portait sa robe et sur sa tête un bandeau d'or : qu'elle était belle !

Une ombre de tristesse voila le regard du serviteur qui demeura un instant pensif.

— Eh bien, le bouscula Médée, et ensuite ? Me feras-tu la joie de raconter ses souffrances ?

— Comment peux-tu être aussi dure ? aboya-t-il, oubliant sa position et le respect qu'il devait à cette femme. Jusqu'à mon dernier jour je me souviendrai du terrible gémissement qui est sorti de la gorge de Glauké, du torrent de feu qui a dévoré sa couronne, et du malheur de son père devant ce spectacle horrible. Le pauvre s'est précipité sur elle en pleurant, mais, en la touchant, le mal l'a pris lui aussi. Il n'a pu se détacher de sa fille et ils sont morts tous les deux dans les bras l'un de l'autre de cette façon terrible...

L'homme planta son regard dans celui de Médée :

— Je te laisse, déclara-t-il d'une voix fatiguée. Sur leur sort, on ne peut verser que des larmes, quant à toi, tu connaîtras bientôt le prix à payer...

— Tu as entendu, nourrice, souffla Médée, Créon et Glauké ne sont plus... À présent, c'est inévitable, c'est au tour de mes fils de mourir...

— Folle ! murmura la vieille femme, entre le meilleur et le pire faut-il que tu ne connaisses que le pire ? Une fois de plus ta passion l'emporte sur ta raison...

— C'est moi qui dois les tuer, hélas, continua la magicienne, avant que quelqu'un d'autre ne le fasse pour se venger de mes crimes. Il faut à présent que j'oublie que je les adore, que je leur ai donné la vie...

Et Médée les tua en effet, sans une hésitation, avec son propre glaive. Puis elle se prépara à quitter Corinthe, non sans narguer une dernière fois Jason. Elle apparut devant lui, assise sur un char traîné par des dragons ailés :

— Voilà le char que le Soleil, père de mon père, m'a donné comme rempart contre mes ennemis, lui lança-t-elle alors qu'il se lamentait, désespéré de la mort de ses fils.

— Va ! lui répondit-il, et sois maudite, infâme infanticide !

« Bien des événements contraires à nos espérances sont commandés par les dieux, conclut Euripide. Ceux que nous attendions ne se produisent pas, ceux que nous n'attendions pas, un dieu leur ouvre la voie. Telle est l'issue de ce drame. »

Certains auteurs affirment qu'après avoir quitté Jason, Médée se réfugia à Athènes, où Égée régnait encore. Elle le séduisit, l'épousa, et eut avec lui un fils du nom de Médos. Lorsque Thésée vint pour faire la connaissance de son père, Médée, jalouse, tenta de l'empoisonner. Égée l'en empêcha, la chassa, et elle se réfugia en Colchide.

Pour en savoir plus...

Lexique : un peu d'histoire...

Le navire Argo :

Jason confia à un artisan du nom d'Argos la construction d'un navire doté de la parole, qui reçut le nom d'Argo (La Rapide).

Les Argonautes :

Jason demanda ensuite à de nombreux amis de l'accompagner. Parmi la cinquantaine d'hommes présents sur le bateau, que l'on nomma les Argonautes, il y avait notamment les héros Orphée ou Thésée.

Chypre :

Cette île, située à l'est de la Crète, passe pour être le lieu de naissance d'Aphrodite et l'un des endroits où elle était vénérée. On nommait d'ailleurs parfois cette déesse « Cypris », du nom du temple qui lui était consacré en ce lieu.

Le nom romain d'Aphrodite est Vénus.

Didon :

L'histoire de Didon est une légende antique qui date de la migration vers la Méditerranée des habitants de Phénicie (actuel Liban plus des régions de Syrie, d'Israël et de Palestine). La fondation de Carthage est une vérité historique.

Énée :

Énée était le fils de Vénus-Aphrodite et d'un berger troyen nommé Anchise dont le destin était de fonder Rome. Les Romains étaient très fiers de l'avoir pour aïeul.

L'Énéide :

Dans cette œuvre majeure, Virgile reprend les mêmes héros que ceux présentés par Homère dans *L'Iliade*, mais il leur imagine un autre destin.

En faisant se rencontrer Énée et Didon, il se joue aussi du temps : trois siècles séparent dans la réalité leurs deux existences, puisqu'on situe la chute de Troie aux environs de 1250 avant J.-C. et la fondation de Carthage en 814 avant J.-C.

Euripide :

Né en Grèce en 480 avant J.-C., Euripide semble avoir été plutôt solitaire et mal aimé à Athènes. Il a composé quatre-vingt-douze pièces de théâtre dont dix-huit seulement nous sont parvenues.

À partir de 408 avant J.-C. Euripide vécut à la cour de Macédoine. Son œuvre ne sera reconnue qu'après sa mort, qui survint en 406.

La grotte de Calypso :

Les nymphes des fleuves et des sources, qu'on appelle aussi Naïades, ont pour refuge favori les grottes, dont elles font des asiles frais et délicieux.

En 1912, l'archéologue Victor Bérard a retrouvé le site décrit par Homère dans *L'Odyssée* : une grotte, sur le détroit de Gibraltar, côté Afrique, avec quatre sources bien alignées jaillissant à son pied. Depuis, la caverne a été murée et les sources ont été captées pour alimenter en eau la ville de Ceuta.

L'Hellespont :

Un superbe bélier à la toison d'or naquit des amours de Poséidon avec une princesse transformée en brebis. Ce bélier, doté de parole et sachant voler, eut une existence riche en aventures, avant d'être sacrifié et que sa peau soit clouée sur le tronc d'un chêne de Colchide. Il sauva notamment de la mort Phrixos et Hellé en les emportant sur son dos. Hélas, lors de cette fuite la jeune Hellé tomba dans la mer à qui l'on donna alors son nom : l'Hellespont (en grec *pontos* signifie mer).

On connaît aujourd'hui ce bras de mer sous le nom de détroit des Dardanelles. De tout temps ce fut une voie maritime importante reliant la mer Égée à la mer de Marmara, c'est-à-dire la Grèce à la Turquie, et de manière plus générale l'Europe à l'Asie.

Les Héroïdes :

Dans ce recueil, Ovide imagine les courriers qu'auraient pu échanger héros et héroïnes. On y découvre notamment les lettres d'**Héro** et Léandre (Épîtres 18 et 19) et celles d'**Ariane** à Thésée (Épître 10).

Homère :

Né à Smyrne, au bord de la mer Égée, entre le VIIIe et le IXe siècle avant J.-C., Homère raconte la façon dont vivaient et mouraient les hommes en un temps où l'on croyait aux dieux. Ses récits ont plus tard été mis par écrit. On lui attribue deux épopées majeures : *L'Iliade* et *L'Odyssée* (voir ci-dessous).

Homère a transmis des valeurs auxquelles les Grecs croyaient. Ces épopées sont devenues des œuvres littéraires majeures.

Le mont Ida :

1 — Cronos, effrayé à l'idée qu'un de ses enfants puisse prendre sa place sur le trône, dévorait chacun des nourrissons mis au monde par son épouse Rhéa. Furieuse, cette dernière, lors de son sixième accouchement, lui donne à dévorer une pierre enroulée de langes, et cache son bébé, un garçon nommé Zeus, dans une caverne de Crète, sur le mont Ida, où une nymphe du nom d'Amalthée le nourrit de lait et de miel.

2 — Il existe un autre mont Ida, situé non pas en Crète mais à côté de Troie. C'est là que grandit Pâris, le fils du roi Priam, après avoir été éloigné de sa famille à la suite d'une prophétie funeste.

L'Iliade :

L'Iliade raconte un épisode de la dixième année de la guerre de Troie. À cette époque les Grecs étaient souvent appelés Achéens. Ils s'étaient rassemblés afin d'aider Agamemnon, leur chef, à venger l'honneur de son frère Ménélas. L'épouse de ce dernier, **Hélène**, avait été enlevée par Pâris, le fils du roi de Troie Priam, à moins qu'elle ne soit partie avec lui par amour.

Jason :

Le roi d'Iolcos, en Thessalie, chassé de son trône par son frère Pélias, éloigna son jeune fils Jason afin de lui sauver la vie. Devenu adulte Jason revint réclamer la royauté. Pélias lui assura qu'il lui laisserait sa place dès que le jeune homme lui aurait rapporté la Toison d'or (voir Hellespont) détenue par le roi de Colchide.

L'Odyssée :

Cette épopée retrace le retour d'un des héros de *L'Iliade*, Ulysse, après la chute de Troie : son errance de dix ans pleine de péripéties et de rencontres avec des femmes ou des nymphes au rôle souvent déterminant, comme **Calypso** et **Nausicaa**, puis ses retrouvailles avec son épouse **Pénélope** sur l'île d'Ithaque dont il est le roi.

Les descriptions de cette épopée reposent sur des connaissances géographiques réelles et il est probable que ce voyage d'Ulysse renferme des vérités historiques.

Ovide :

Né en – 43 avant J.-C. en Italie, Ovide fait de brillantes études et voyage en Grèce sur les traces des héros d'Homère. Grand admirateur de Virgile, il souhaite composer une œuvre semblable à *L'Énéide*.

Il publie *Les Amours, Les Héroïdes* (voir ci-dessous), puis *Les Métamorphoses*, qui racontent les transformations des êtres humains et des dieux en se basant sur des écrits déjà existants ou en en inventant d'autres : deux cent trente histoires au total, dont celle d'**Arachné**.

Ovide ne croyait pas à l'existence des dieux mais connaissait bien les sentiments et les déceptions des humains. Il fut exilé en l'an 8 par l'empereur Auguste et mourut malheureux en 17, loin de sa famille et de son pays.

Troie :

Les recherches faites par différents archéologues pour retrouver Troie les ont conduits à Hissarlik, cité d'Asie Mineure, sur les rives de l'Hellespont. L'Allemand Schliemann a mis à jour sur ce lieu les restes de onze cités qui ont été successivement habitées.

Celle d'Homère, baptisée Troie VII, et sur laquelle on a retrouvé des bijoux magnifiques, a été détruite brutalement, sans doute par les Grecs d'Agamemnon, en 1183 avant J.-C.

Virgile :

Né en Italie en 70 avant J.-C., Virgile aime et étudie Homère, rêvant d'écrire lui-même une épopée comme celle de *L'Odyssée*. Il y réussira avec *L'Énéide* (voir ci-dessous) qui lui demandera dix années de travail.

Il publie *Les Bucoliques* en 37 avant J.-C. puis *Les Géorgiques* en 29 avant J.-C. Ami du premier empereur romain Auguste, Virgile connaît le succès de son vivant. Il meurt des suites d'une insolation en 19 avant J.-C.

Les voiles du bateau de Thésée :

Égée et son fils avaient conclu un pacte. Si le bateau du jeune homme revenait avec des voiles noires cela signifiait qu'il était mort. Si elles étaient blanches, il était vivant. Mais Thésée oublia sa promesse et lorsque son navire se présenta au large d'Athènes voiles noires hissées, Égée, croyant son cher fils mort, se jeta de désespoir dans la mer qui, depuis, porte son nom : la mer Égée.

OÙ ADMIRER QUELQUES REPRÉSENTATIONS DES HÉROÏNES ?

Enée et Didon, peinture de David et ses élèves, Musée du Louvre, aile Sully

La mort de Didon, peinture de P. Rubbens, Musée du Louvre, aile Sully

Ariane assise sur un rocher, terre cuite, anonyme, Musée du Louvre, aile Sully

Ariane abandonnée, terre cuite d'A. Pajou, Musée du Louvre, aile Richelieu

Bacchus et Ariane, peinture de Pittoni, Musée du Louvre, aile Denon

Héro et Léandre, peinture de J.J. Taillasson, musée des Beaux-arts de Bordeaux

Héro et Léandre, peinture de Chasseriau, musée du Louvre, aile Sully

Héro et Léandre, dessins de l'Ecole flamande de Rubens, musée du Louvre

Les amours de Pâris et d'Hélène, peinture de J.L. David, musée du Louvre, aile Denon

L'enlèvement d'Hélène, peinture de G. Reni, musée du Louvre, aile Denon

L'enlèvement d'Hélène, peinture de J. Tassel, musée du Louvre, aile Sully, ainsi que de nombreux objets d'art : coupes, médaillons, plats...

La toilette de Nausicaa, de G. Desvallières, pastel et fusain, musée d'Orsay, Paris

Douleur de Nausicaa, bronze de M. Bashkirtseff, musée d'Orsay, Paris

Ulysse et Pénélope, figurine terre cuite, musée du Louvre, aile Sully

Le massacre des Prétendants, vase céramique à figures rouges, musée du Louvre

Les Prétendants, peinture de G. Moreau, musée Gustave Moreau, Paris

Jason et Médée, peinture de G. Moreau, musée d'Orsay, Paris

Médée furieuse, peinture d'E. Delacroix, musée des Beaux-arts de Lille (on peut en voir une réduction au musée du Louvre, aile Sully)

Médée, sculpture au Jardin des Tuileries, Paris

Brigitte Heller-Arfouillère

L'auteur est née en 1956. D'abord rédactrice publicitaire, elle s'est ensuite consacrée pleinement à l'écriture. Elle est déjà auteur, au Père Castor, de *L'Enfant et le dauphin*, *Dix contes et légendes de chevaux*, *Dix légendes de dauphins*, *Le Secret du Templier* et *Le Peuple de l'eau*.

FRÉDÉRIC SOCHARD

L'illustrateur est né en 1966. Après des études aux Arts Décoratifs, il travaille comme infographiste et fait de la communication d'entreprise, ce qui lui plaît beaucoup moins que ses activités parallèles de graphiste traditionnel : création d'affiches et de pochettes de CD. Depuis 1996, il s'auto-édite et vend « ses petits bouquins », de la poésie, sur les marchés aux livres... Pour le plaisir du dessin, il s'oriente désormais vers l'illustration de presse et la jeunesse. Et avec tout ça, il a trouvé le temps de faire plusieurs expositions de peinture...

Table

Mise en page par Meta-systems
59100 Roubaix

Imprimé à Barcelone par:

CPI
BLACK PRINT

N° édition : L.01EJEN000469.C005
Dépôt légal : février 2011
Loi n° 49-956 du 16 juillet 1949
sur les publications destinées à la jeunesse